L'Afrique au cœur

Macky Sall

L'Afrique au cœur

Odile Jacob

3, rue Auguste-Comte, 75006 Paris

www.odilejacob.fr

ISBN : 978-2-4150-1249-6

À la mémoire de mes parents Amadou Abdoul Sall et Coumba Amadou Thimbo, deux enfants du Fouta à jamais dans la terre hospitalière du Sine qui me seront toujours une source inépuisable de vaillance et de dignité.

À ma merveilleuse épouse Marème, exemple achevé de fidélité, de courage et de bonté qui, avec un amour fort et sain, m'a accompagné dans tous mes combats et fait siennes toutes les causes miennes.

À ma fille adorée Khatum, à mes fils Amadou et Ibrahima, à mes belles filles Fatima et Khadija pour renforcer leur foi et leur force dans un monde en pleine mutation et leur rappeler que l'épreuve forge et forme.

À la jeunesse africaine résolument mobilisée pour une Afrique à sa juste et légitime place dans le concert des nations.

Remerciements

Je tiens à exprimer ma profonde gratitude à Amélia Six, Hamidou Sall, Oumar Demba Ba et Gérard Askinazi pour les précieux conseils éditoriaux et la relecture de mon texte.

Avant-propos

Nul ne décide d'écrire un livre sur un coup de tête. Encore moins quand on a été un chef d'État dont la parole est exposée au public.

Celui-ci est le fruit d'une longue réflexion. Dès ma prise de fonctions à la tête du Sénégal, l'idée d'un ouvrage consacré à mon pays et, plus largement, à l'Afrique s'est imposée à moi. Pendant des années, j'avais identifié les principaux handicaps dont notre continent souffrait. Mes douze années à la tête du Sénégal et mes présidences de la Communauté économique des États de l'Afrique de l'Ouest (Cedeao) puis de l'Union africaine (UA) ont fini de me convaincre de prendre la plume. Non pour m'indigner ni dénoncer les injustices dont l'Afrique était victime, mais pour en présenter un tableau plus conforme à la réalité et proposer des solutions. Se contenter de protester ne sert à rien si l'on n'a aucune autre option à présenter.

Ayant eu le privilège d'être un acteur sur la scène africaine et internationale, j'ai bénéficié du surplomb nécessaire pour me forger une vision réaliste de notre continent, de ses atouts comme de ses faiblesses, mais aussi des obstacles qui freinent son développement et l'empêchent d'occuper une place digne de lui dans le concert des nations. L'Afrique, je le constate tous les jours, est devenue une pièce essentielle du système mondial, mais souffre encore de préjugés et de clichés négatifs.

Ce livre a pour but de les dépasser et de montrer de quels atouts formidables le continent dispose. Il est à la fois un témoignage et un appel. Un témoignage de mon action pour le Sénégal et, au-delà, pour le continent africain. Un appel pour que les leaders politiques, les patrons de multinationales, les intellectuels, les artistes, les hommes et les femmes de culture comprennent que l'Afrique est une terre sans laquelle plus rien n'est désormais possible. Je n'ai pas la prétention d'être le porte-parole des Africains mais mon expérience m'autorise à porter leur voix haut et fort afin qu'elle soit entendue. C'est en militant de l'Afrique que je m'exprime donc dans les pages qui suivent.

Continent le plus vaste de la planète, l'Afrique en sera bientôt le plus peuplé. Sa population représentera le quart de l'humanité en 2050. Savoir que, dans un quart de siècle, un être humain sur quatre sera africain ne doit laisser personne indifférent, que l'on soit simple citoyen ou à la tête d'une entreprise de taille mondiale ou encore chef d'État. Cette donnée essentielle affecte déjà les grands équilibres internationaux et aucune prospective ne peut éviter de la prendre en compte. Autre donnée majeure : nos ressources naturelles, nos minéraux critiques, nos terres arables et notre biodiversité restent incontournables et nous assurent un potentiel de développement considérable dont la valorisation ne fait que débuter. Là aussi, négliger cette donnée serait une faute.

Beaucoup de responsables politiques ou économiques n'en ont pas encore conscience. Ils restent influencés par les images dépassées d'un continent où il serait risqué d'investir, et qui n'aurait qu'un rôle accessoire, voire marginal dans la vie internationale. C'est une grave erreur de perspective. Un quart de siècle après l'entrée dans le nouveau millénaire, l'Afrique offre en effet un visage bien différent de celui qu'on lui prêtait au siècle dernier. C'est ce visage que j'ai voulu exposer pour aider le reste du monde à comprendre qu'elle est un partenaire privilégié, un partenaire qu'il ne faut plus négliger, et chez qui venir travailler, investir et prospérer est une chance plus qu'un risque. Ce visage, je souhaite aussi le montrer aux Africains dont beaucoup, encore trop souvent, n'ont pas saisi toutes les possibilités qu'offre leur pays. C'est à nous, Africains, de définir comment l'Afrique doit jouer son rôle d'acteur majeur dans le commerce mondial. C'est à nous de raconter notre histoire et d'imposer notre narratif.

Aujourd'hui, l'Afrique ne veut plus être seulement un réservoir de matières premières. Elle exige de les transformer sur son sol et de ne plus les laisser partir à l'étranger. Parce que le seul moyen d'assurer son développement est de conserver pour elle la valeur ajoutée ainsi produite, comme les recettes fiscales et les millions d'emplois qui en découlent. Plus personne ne peut ignorer que seule cette transformation systémique peut offrir une vraie issue au problème de l'émigration. Des chefs d'État et de gouvernement, pas assez nombreux malheureusement, ont compris que l'Afrique présente un immense intérêt et que son potentiel doit absolument être valorisé. Grâce à eux et à d'autres personnalités politiques et de la société civile, la prise de conscience que l'Afrique doit être plus active au cœur du jeu mondial a fait de grands progrès dans les esprits.

Oui, l'heure de l'Afrique est arrivée. Plus personne ne peut lui refuser la place à laquelle elle a droit. Une place que le système multilatéral doit refléter, notamment dans les instances internationales, le G20, l'Organisation des Nations unies (ONU), le Fonds monétaire international (FMI) ou encore la Banque mondiale. Pour autant, elle aurait tort de vouloir revendiquer cette place de façon unilatérale, en avançant seule pour s'imposer. Au contraire, c'est en partenariat avec les autres grands pôles de la planète qu'elle sera plus écoutée. Dans un monde devenu multipolaire, il est illusoire de chercher à avancer sans l'Europe, les États-Unis ou les Brics. Si l'Afrique devait se fonder sur une vision étroite des autres parties du monde, elle s'isolerait. Dans le monde interdépendant d'aujourd'hui, on ne plaide pas sa cause contre les autres mais dans le dialogue avec eux.

Je milite donc pour que notre continent ait une vision grand angle du reste du monde et scrute les grands horizons, en commençant par une position digne de lui dans les institutions de Bretton Woods, en tant que septième économie mondiale. Une place parfaitement justifiée si l'on accepte enfin de considérer que l'Afrique est loin d'être pauvre malgré un système financier international qui refuse de valoriser ses ressources naturelles.

L'heure est donc venue pour elle d'écrire son propre récit, avec ses spécificités et son histoire, et non avec ces marqueurs civilisationnels que voudraient nous imposer, sous couvert de démocratie, d'autres modes de pensée et de vie.

Autant qu'un discours sur l'Afrique, par l'Afrique et pour l'Afrique, ce livre est un acte de foi en l'avenir et en nos racines. Un livre ayant l'Afrique au cœur pour donner aux jeunes générations les raisons de se mobiliser et de faire d'elle le continent phare de demain.

CHAPITRE 1

L'enfant des lumières

Le quotidien d'un chef d'État, on le devine, est fait d'obligations, d'arbitrages à rendre, d'activités nationales et internationales et de problèmes à résoudre. Il est heureusement ponctué parfois de moments lumineux comme celui que j'ai vécu en mai 2021 dans le village de Tomboronkoto dans le département de Kédougou au sud-est du Sénégal. Ce moment, un des plus intenses que j'ai connus, m'a été offert non par une cérémonie, une fête ou la réussite d'une négociation difficile, mais par un enfant.

Il se tenait près de moi avec ses camarades au milieu du village. Je m'étais rendu à Tomboronkoto dans le cadre des conseils présidentiels de développement où j'avais réuni membres du gouvernement, élus locaux et représentants de la population pour faire le point sur les investissements engagés dans la région. En fin de journée, j'avais tenu à assister à la mise en service du réseau électrique dans ce village situé dans une des régions les plus reculées du pays. La nuit tombait, l'obscurité gagnait la place où nous nous étions rassemblés ; soudain la lumière électrique jaillit et inonda le village. L'enfant poussa un cri de surprise, il leva son visage vers moi et son regard ébloui, son sourire émerveillé furent la plus belle de mes récompenses de président de la République. Jamais je n'oublierai son explosion de joie et celle des habitants quand ils découvrirent que l'électricité, dont ils rêvaient, luxe qui ne devrait pas en être un, était venue jusqu'à eux. Cette joie suffisait, plus qu'un discours, à couronner de succès la réalisation d'une de mes promesses électorales, l'accès universel à l'électricité.

Plus que des applaudissements ou des félicitations, l'émerveillement de cet enfant devant l'illumination soudaine de son village a achevé, ce soir-là, de donner tout son sens à mon engagement politique entamé quarante ans plus tôt. Comme des dizaines de milliers d'autres, dans le pays profond et réel, les habitants de Tomboronkoto vivaient depuis des siècles dans l'obscurité dès la nuit tombée, ils entrèrent d'un coup, ce soir-là, dans la modernité. Mon programme de lampadaires solaires, au total deux cent mille dans toutes les communes rurales, confirmait ainsi sa justification. C'était une transformation phénoménale : les enfants pouvaient dorénavant faire leurs devoirs ou lire le soir et les artisans utiliser des machines électriques. Derrière ce moment extraordinaire, c'est toute la vie économique et sociale du village qui connaissait un changement radical de paradigme.

À la tête du Sénégal depuis 2012, je tenais à venir constater par moi-même si le plan d'accès universel à l'électricité, lancé dès mon arrivée au pouvoir, avait atteint son objectif : apporter l'électricité jusqu'aux départements et localités les plus isolés du pays. Pour les habitants des villes, l'électricité est tellement naturelle, elle s'active si facilement que plus personne ne se demande d'où elle provient ni comment elle est produite. Mais pour les dizaines de milliers de nos compatriotes qui n'en disposaient pas encore à l'époque, la lumière électrique restait du domaine du merveilleux.

Debout au milieu des villageois, j'ai partagé de bon cœur leurs cris de joie et célébré ce progrès destiné à être étendu à tout le pays. Ce soir-là, je me suis souvenu de l'extraordinaire fresque de Raoul Dufy, *La Fée Électricité*, que j'avais admirée au musée d'Art moderne de Paris lorsque j'étais étudiant à l'École nationale supérieure du pétrole et des moteurs (ENSPM) en 1993. Tous les progrès que l'électricité avait apportés à l'humanité y étaient représentés : industrie, art, sciences, médecine, moteurs, elle était partout. En parcourant des yeux ces mille détails, je m'étais demandé quand nous, au Sénégal, nous pourrions en faire bénéficier tous ceux qui y avaient droit. Y être presque parvenu est une de mes plus grandes fiertés.

Dès ma prise de fonctions, j'avais décidé que le Sénégal ne serait plus sous-équipé et j'avais lancé un vaste plan de restructuration du secteur électrique pour couvrir tout le pays. Il ne s'agissait pas seulement d'apporter la lumière dans les foyers, mais aussi de permettre aux artisans de travailler plus facilement, aux femmes de ne plus avoir à travailler de façon laborieuse des heures durant mais d'utiliser des moyens électriques, aux enfants de faire leurs devoirs sans s'abîmer les yeux et à tous de pouvoir regarder la télévision pour découvrir ce qu'il se passait dans le pays et dans le monde. Pour les Sénégalais de ces contrées lointaines, l'électricité n'apportait pas seulement du confort mais ouvrait une fenêtre sur le monde extérieur.

Mon objectif était d'offrir cet accès universel pour 2025-2026. En mars 2012, le taux d'électrification dans les zones rurales était de 25 %. Au prix d'un effort financier et technique important, ce taux a atteint 63 % au moment de mon départ, en avril 2024. Si, dans les zones urbaines, les Sénégalais avaient déjà quasiment tous l'électricité, en faire bénéficier les terroirs les plus isolés restait un défi. L'habitat y est éclaté, les villages sont distants les uns des autres et souvent éloignés du réseau électrique national. Pour surmonter ces difficultés, j'avais mis en place une solution consistant à coupler le réseau électrique classique avec les *off-grids*, c'est-à-dire des réseaux indépendants fonctionnant à partir des centrales solaires, par exemple. Si le rythme des installations est maintenu, on peut espérer que, d'ici à quatre ou cinq ans, l'électricité sera dans tous les foyers. Cela dépendra évidemment des investissements que le nouveau gouvernement et la Société nationale d'électricité du Sénégal (Senelec) seront prêts à consentir pour atteindre cet objectif.

L'arrivée de l'électricité n'était pas ma seule priorité. Celle de l'eau était tout aussi essentielle. J'en avais pris conscience en parcourant le pays profond pendant des mois après avoir fondé mon parti, l'Alliance pour la République (APR), en décembre 2008. J'avais tenu à aller voir de près les vastes terroirs qui n'étaient ni peuplés, ni industrialisés, ni beaucoup équipés. Éloignées des grandes villes, leurs petites communes faisaient figure de laissées-pour-compte par le pouvoir central. Je voulais me rendre compte par moi-même des conditions de vie de leurs habitants, souvent très difficiles.

Le constat a été quasiment identique à chaque tournée. Pendant des décennies, le Sénégal rural, autrement dit l'immense majorité du territoire, avait été délaissé, plus ou moins abandonné à lui-même. Personne n'y mettait jamais les pieds, des bourgades entières du pays étaient restées enclavées et manquaient cruellement de services sociaux de base : eau, électricité, santé, accès à l'éducation, etc.

Des populations entières y vivaient encore comme leurs ancêtres et étaient privées d'avenir. J'avais été Premier ministre du président Wade pendant des années et force me fut de constater combien cela prenait du temps de régler chaque jour des problèmes politiques, de construire des compromis ou de trouver des arbitrages, de mobiliser ma majorité au Parlement ou d'essayer d'obtenir de meilleures conditions d'emprunt à la Banque mondiale ; ce qui empiétait souvent sur les activités de développement économique et social.

Je garde en mémoire ma visite après une journée de route au village de Mbadianéne, dans le département de Malem Hodar. À mon arrivée, un des anciens vint s'excuser de ne pouvoir m'offrir un verre d'eau car les femmes, parties le matin même en chercher à des kilomètres de là, n'étaient pas encore rentrées. J'ai alors pris la mesure du décalage entre ce que je pensais avoir déjà fait et la réalité du terrain. Le cas de ce village était loin d'être unique. Partout où je me rendais, c'étaient les mêmes plaintes, les mêmes revendications : pas d'eau, pas d'électricité ou alors épisodiquement, et pas de routes.

Le choc a été d'autant plus difficile à encaisser que ces villageois osaient à peine me le reprocher. À la fin de cette tournée, le constat fut sans appel : malgré nos efforts, mes prédécesseurs à la primature et moi-même n'avions pas fait tout ce qu'il fallait. En quittant Mbadianéne, ce soir-là, je me fis la promesse, si j'accédais un jour au pouvoir, de mettre les minima vitaux – eau, électricité et routes – à la portée de tous où qu'ils se trouvent sur le territoire national.

CHAPITRE 2

Un engagement précoce

Si mener une politique sociale digne de ce nom a été ma boussole politique tout au long de mes deux mandats, c'est à mon enfance passée à Fatick que je le dois. J'y ai appris les notions fondamentales qui ont nourri mon action depuis le début : la solidarité, l'importance de la famille, l'entraide, le travail, la volonté de s'engager.

Le Sénégal était indépendant depuis un an à ma naissance à Fatick, le 11 décembre 1961. J'ai vu le jour dans un pays à la fois neuf et très ancien. Pendant mon enfance et sans que j'en connaisse évidemment la raison, il y avait dans l'air une atmosphère de liberté, et de la gaieté dans la vie de tous les jours. Les conversations entre mes parents me laissaient comprendre que la terre sur laquelle je marchais était chargée d'histoire. Et que cette histoire commençait bien avant que les « Blancs » viennent la coloniser. Je suis convaincu que le sentiment d'appartenir à une nation qui m'a très tôt animé provient en partie de ces années d'enfance.

Depuis, Fatick est devenue une ville importante, chef-lieu de la région du même nom, mais à l'époque, c'était une grosse bourgade bordée par le fleuve Sine. Cœur battant du pays sérère, elle n'est qu'à 150 kilomètres de Dakar, mais les conditions de vie y étaient encore difficiles à l'époque. Certes, les femmes n'avaient plus besoin d'aller chercher de l'eau à un puits éloigné, et nous avions l'électricité mais les coupures étaient aussi fréquentes qu'imprévisibles. Fatick s'était développée au milieu d'un beau paysage de savane parsemé de baobabs, d'acacias et de fromagers. On y cultivait principalement l'arachide, le mil et le sorgho. On y vivait aussi de l'élevage.

Mes parents étaient modestes mais très fiers de leurs origines. Ils venaient du Fouta, au nord du Sénégal. Les Sall remontent à l'époque du royaume du Tekrour qui a prospéré après la chute de l'empire du Ghana au XIIe siècle, principalement dans la moyenne vallée du fleuve Sénégal. Les Sall étaient des guerriers célébrés, encore aujourd'hui, par les griots pour leur bravoure et j'ai hérité d'eux les valeurs que mon père m'a transmises et que j'ai données à mon tour à mes enfants : le courage, l'amour de la patrie, la dignité, l'honnêteté.

Tout en développant l'agriculture et la pêche le long du fleuve, et les valeurs traditionnelles et spirituelles, les Toucouleurs ou Halpulaars ont su conserver leurs racines et leur caractère. En particulier leur code d'honneur, socle primordial de la communauté que nul ne songe à enfreindre. Ne pas respecter la parole donnée, par exemple, constitue une faute impardonnable à laquelle personne ne se risque. C'est ce code d'honneur qui m'a fait tel que je suis et qui m'a imprégné des valeurs humaines transmises de génération en génération.

C'est au collège de Fatick que j'ai pris le virus de la politique en même temps que celui des études. Un de mes beaux-frères y enseignait les mathématiques. Très marqué à gauche, il ne cachait pas son engagement et exerça une grande influence sur moi. C'est lui qui m'a initié à la politique ou plutôt à la pensée politique. C'était le milieu des années 1970, j'avais 15 ans et, comme tous les adolescents de cette époque, j'étais sensible aux thèses révolutionnaires, la tendance maoïste étant très active dans le monde scolaire et universitaire. Il me donna à lire des textes d'inspiration marxiste-léniniste qui alimentèrent ma réflexion toute neuve sur les injustices sociales dont les classes laborieuses étaient victimes. Comme partout en Afrique, affirmait mon beau-frère, elles avaient été victimes du colonialisme qui avait pendant trop longtemps exploité notre pays. J'aimais beaucoup les mathématiques, c'est-à-dire la rationalité, et je dois reconnaître que ses arguments étaient très convaincants. Ils convenaient assez bien à mon caractère parfois revendicatif. Je lui dois mes premiers pas en politique.

Ce début d'engagement était peut-être aussi une réaction, naturelle à 15 ou 16 ans, contre l'autorité. Mon père militait en effet au Parti socialiste sénégalais, le parti au pouvoir. Comme tous les jeunes de mon âge, je considérais que ce parti régnait depuis trop longtemps et qu'il fallait changer les choses. On ne parlait pas encore d'alternance à l'époque, mais constater, le 26 février 1978, que Léopold Sédar Senghor, considéré comme le père de la nation, était réélu pour la cinquième fois à la présidence de la République avec plus de 80 % des voix ne donnait pas une image très moderne de notre idéal démocratique. Il avait été élu la première fois en 1960, dix-huit ans plus tôt !

Certes, d'autres candidats avaient enfin été « autorisés » à se présenter contre lui. Cela ne m'empêchait pas de trouver que le système du parti unique, bien que supprimé quelques années plus tôt par le président Senghor, pesait encore de tout son poids sur le vote populaire. Malgré tout le respect que nous devions au président Senghor, les Sénégalais de la nouvelle génération souhaitaient voir d'autres figures apparaître sur la scène politique, des figures qui prendraient mieux en compte nos aspirations et seraient davantage à notre image. Un peu à la manière, toutes proportions gardées, des étudiants français de 1968 qui avaient violemment montré qu'ils en avaient assez de voir le général De Gaulle à la tête de l'État.

Une fois mon diplôme de fin d'études moyennes en poche, je suis allé poursuivre mes études secondaires au lycée Gaston-Berger de Kaolack. Inscrit en filière C, j'étais programmé pour passer un baccalauréat à dominante scientifique. Parallèlement, j'ai fait mes premiers pas actifs dans le combat politique en devenant le porte-parole de mes camarades progressistes. Après le baccalauréat, je me suis dirigé non pas vers la filière agronomique comme le souhaitait mon père, mais vers la géologie. Je voulais devenir ingénieur et dans un domaine en phase avec mes aspirations. Aux problématiques du sol, je préférais celles du sous-sol, plus prometteur pour un étudiant comme moi passionné par la technique. Je me suis donc inscrit en classe préparatoire pour intégrer l'Institut des sciences de la Terre qui avait été fondé quatre ans plus tôt et j'ai pris mes quartiers à la cité universitaire de Dakar.

Entre-temps, j'avais adhéré à l'AJMRDN, le Mouvement révolutionnaire pour une démocratie nouvelle. J'ai intégré la cellule du parti de la Cité U où j'ai consacré du temps à recruter de nouveaux adhérents. Tout au long de mes études, je suis resté un militant très actif. J'étais animé par un esprit plus patriotique qu'idéologique. Je refusais surtout d'être assigné à des actions sans aucune portée politique réelle comme celles d'aller coller des affiches ou de vendre à la criée le journal du parti.

Pendant les cinq années que j'ai passées à l'Institut des sciences de la Terre, il ne m'a pas toujours été facile de concilier études et militantisme. Élu à la tête de l'Amicale de la faculté des sciences puis premier président de l'association des élèves ingénieurs de l'Institut des sciences de la Terre, j'ai réussi à organiser mon temps pour que mes études ne souffrent pas de mes activités syndicales. Ma fibre politique était plus sociale que révolutionnaire. Il est vrai que, dans le fond, je n'étais ni maoïste ni communiste, et que je cherchais d'abord à soutenir la cause des plus faibles, et à changer les choses pour plus de justice sociale et moins d'ordre ancien.

Mon engagement au sein d'And-Jëf cessa brutalement en 1983. Alors que le parti réunissait plusieurs forces de gauche, communistes, maoïstes, marxistes-léninistes purs et durs, et le groupe des Patriotes conséquents, ses membres les plus radicaux décidèrent de boycotter la prochaine élection présidentielle. Ils affirmaient qu'elle n'était qu'un simulacre de démocratie, un instrument inventé par le Capital pour manipuler le peuple. Le résultat de l'élection n'ayant aucune chance, selon eux, de changer quoi que ce soit à la condition des prolétaires exploités par ce même capitalisme, aller voter était donc inutile. Je n'ai pas compris la finalité de cette logique biaisée, si ce n'était celle de priver le peuple, justement, de son meilleur moyen d'expression. Ce boycott inspiré par un anticapitalisme primaire m'a décidé à rompre avec And-Jëf.

Je me suis aussitôt mis en quête d'un autre parti où je pourrais faire valoir mes idées pour le pays et militer pour quelque chose de concret. À l'époque, celui qui m'a semblé le plus proche de mes aspirations était le Parti démocratique sénégalais (PDS) d'Abdoulaye Wade. Maître Wade était un avocat célèbre pour ses prises de position. Il incarnait une ligne politique avec laquelle je me sentais en phase : une forme de libéralisme qui défendait la liberté d'entreprendre mais sans oublier les classes populaires. Pour moi, l'avenir du Sénégal, le vrai débat démocratique étaient là, au sein de ce parti, et j'ai décidé de voter pour lui.

J'étais loin de me douter alors qu'Abdoulaye Wade deviendrait mon mentor en politique et que, bien des années plus tard, il ferait de moi son Premier ministre et que je lui succéderais à la tête du pays.

CHAPITRE 3

Mon mix énergétique : pétrole et militantisme

Je dois reconnaître que la gauche a été très formatrice pour moi. Elle m'a appris à manier les idées, elle m'a enseigné l'art et la force de la rhétorique, elle m'a poussé à prendre la parole et m'a donné la combativité nécessaire pour convaincre mon auditoire. Les formations de gauche sont une école politique au sens le plus noble du terme. Nombreux sommes-nous à en avoir bénéficié.

Le militantisme m'a aidé à faire valoir les conceptions sociales auxquelles j'étais attaché. Le mien était teinté d'un certain anticolonialisme, commun à beaucoup de jeunes Sénégalais qui appréciaient peu les mentalités, les structures et les comportements que la puissance coloniale avait laissés derrière elle après l'indépendance. Le Sénégal n'était pas le seul pays de l'ancienne Afrique occidentale française (AOF) – Mali, Guinée, Côte d'Ivoire, Togo, Niger, Bénin et Burkina Faso –, ou de l'Afrique équatoriale française (AEF) regroupant le Tchad, la Centrafrique, le Gabon et le Congo, à bénéficier ainsi de la « protection » de la France. À bien des égards, l'Afrique restait un pré carré tricolore et cette situation nourrissait nos sentiments anticolonialistes déjà bien alimentés par la rhétorique maoïste.

C'est à cette époque, dans un milieu estudiantin bouillant d'idées et de rêves, que j'ai pris conscience de la dimension continentale de notre combat et de la nécessité pour les Africains de se regrouper un jour et de se faire entendre, non plus pays par pays mais à l'échelle du continent. L'internationalisme en vogue à l'époque avait ceci de bon qu'il nous encourageait à dépasser les frontières, à voir plus large et à rester profondément patriotes. L'idée du panafricanisme fit donc son chemin dans mon esprit. Je compris rapidement qu'elle offrait une nouvelle dimension à notre idéal et qu'en étant unis, les Africains seraient plus forts face aux puissances qui se partageaient la planète, et qu'ils pourraient se faire mieux respecter.

Cette foi en un avenir panafricain me donna un élan qui ne m'a jamais quitté depuis, tout au long de mon parcours politique et de ma vie professionnelle. Voyant loin pour mon pays et pour le continent, je n'imaginais pas dissocier les deux : mon activité professionnelle devait aller de pair avec mon engagement politique.

Après cinq ans d'études, j'ai obtenu mon diplôme d'ingénieur. Je m'étais spécialisé dans l'étude du comportement des sols et dans l'hydrogéologie. J'appartenais à la quatrième promotion de géologues formés par l'Institut des sciences de la Terre et mes parents pouvaient être fiers de moi. J'avais 27 ans et ma plus belle récompense fut de les voir assister à la remise des diplômes. Après une année de stage à la Société des phosphates de Thiès, j'ai été engagé par Petrosen, la Société nationale du pétrole du Sénégal. Dès le début de ma carrière professionnelle, j'ai donc travaillé dans le domaine des hydrocarbures, un secteur stratégique pour le pays, sur les plans économique et financier, et un enjeu pour sa souveraineté énergétique.

Nous ne produisions pas de pétrole à l'époque et devions couvrir nos besoins par des importations. Ce qui donnait à l'exploration pétrolière une importance déterminante, notamment après le choc pétrolier de 1973. Petrosen manquait de spécialistes pour étudier les possibilités d'exploration dans le sous-sol terrestre et maritime du pays. En 1992, la direction estima que je pouvais devenir l'un de ces spécialistes et m'envoya à Paris suivre des études centrées sur la géophysique, à l'ENSPM qui dépendait de l'Institut français du pétrole.

C'était une école d'application très spécialisée où j'ai croisé de jeunes ingénieurs formés par les grandes écoles françaises – les Mines, Centrale –, européennes et par d'autres pays. Dans ma promotion, on parlait toutes les langues – l'anglais, le français, l'espagnol, l'arabe – mais les cours théoriques comme les travaux pratiques étaient tenus en français.

L'informatique et les stages de terrain et en entreprises complétaient le programme d'études. Cette école a joué un grand rôle dans ma formation de géophysicien et bien plus tard, en 2016, alors que j'étais président de la République, j'ai naturellement initié un partenariat entre notre Institut national du pétrole et du gaz et l'ENSPM, devenue entre-temps l'Institut français du pétrole et des énergies nouvelles ; partenariat qui a pris toute sa dimension pour le Sénégal alors qu'un important gisement de gaz venait d'être découvert sur un champ commun avec la Mauritanie.

À mon retour de Paris, j'ai été nommé à la tête de la division Banque de données pétrolières. C'était un poste stratégiquement important qui avait pour mission de rassembler toutes les données géologiques et pétrolières collectées depuis des décennies sur le Sénégal. La plupart d'entre elles se trouvaient à l'étranger où des compagnies pétrolières les avaient réunies dans la perspective éventuelle de futures campagnes d'exploration. Les convaincre de nous céder toutes ces données, stratégiques pour nous, réclama beaucoup d'efforts et de conviction de la part de Petrosen, mais j'ai réussi à organiser leur retour.

Très investi dans l'entreprise et passionné par les hydrocarbures – je le suis toujours –, j'avais constamment en tête l'espoir que nous trouverions un jour un gisement capable de satisfaire nos besoins en énergie. Plus le Sénégal se développait, plus ces derniers augmentaient et plus nous devions importer de produits pétroliers, ce qui avait pour conséquence de peser lourdement sur notre balance commerciale. Chez Petrosen, les recherches se succédaient année après année sans succès. Chaque fois, nos espoirs étaient déçus mais nous avons persévéré, certains de découvrir un jour une poche d'hydrocarbures quelque part dans le bassin sédimentaire sénégalais.

J'ai ainsi participé à plusieurs opérations de prospection. Elles consistaient à analyser les roches affleurant sur le sol et à trouver un marqueur qui serait ensuite isolé, daté et analysé. Un travail passionnant qui réclamait une grande rigueur scientifique. L'enjeu était de taille puisque ces prospections dans des régions potentiellement pétrolifères pouvaient décider de l'avenir énergétique du pays. C'est à l'occasion d'une mission à Diourbel en 1991 que j'ai eu la chance de rencontrer celle qui allait devenir mon épouse, Marème.

J'ai travaillé dix ans chez Petrosen, jusqu'en 2001. Mon dernier poste a été celui de directeur général, fonction que j'ai exercée pendant les six mois précédant mon entrée au gouvernement, en mai 2001. Je me suis senti très à mon aise dans le monde de l'entreprise. C'est un milieu où l'on ne peut pas faire semblant, où l'on ne triche pas car seuls les résultats comptent. Un monde où les caractères bien affirmés ont les moyens de s'épanouir, de faire avancer les choses et de valoriser les compétences. J'ajoute que, dans l'univers du pétrole, les qualités humaines, l'esprit d'équipe, la curiosité, le goût pour la recherche sont aussi importants que les outils techniques ou le management. Ces dix années de bonheur professionnel m'ont profondément marqué. J'en ai conservé un état d'esprit toujours porté vers l'avant, une foi inébranlable dans la technique, moteur du progrès, et la volonté de réunir toutes les compétences pour bâtir ensemble un avenir meilleur.

Je l'ai dit plus haut, après avoir quitté And-Jëf, je me suis rapproché de Wade. Libéré de prison où il avait été incarcéré à la suite des élections présidentielles de 1988, il venait de rentrer de France et se jetait à nouveau dans l'arène politique dans la perspective des futures élections présidentielles de 1993. Dans le paysage politique du Sénégal, Wade était devenu la figure emblématique de l'opposition au président Diouf.

En février 1989, lors de son grand meeting, il lança un appel solennel aux jeunes cadres du pays. La puissance de son discours, ses accents patriotiques, sa flamme démocratique m'ont galvanisé. Son charisme, la vision qu'il avait du pays, son appel au changement, le *sopi* en wolof dont il avait fait son slogan, la fougue qu'il mettait dans son réquisitoire contre le clientélisme du pouvoir en place emportèrent mon adhésion. J'y ai vu l'opportunité de sortir du rang et de contribuer, moi aussi, au *sopi* sous la houlette d'un homme politique assez visionnaire pour dessiner un avenir à la nouvelle génération, la mienne. Dès le lendemain de ce fameux meeting, je me suis présenté à lui et j'ai adhéré au PDS.

L'équipe qui l'entourait était assez réduite. Wade manquait de cadres techniques et administratifs après quinze années d'opposition à cette époque et il m'a nommé à la tête de la commission industrie et mines puis à la coordination des cadres du parti. Je me suis révélé bon organisateur, ce qui m'a valu d'intégrer assez vite le secrétariat national du parti, cadre essentiel dans la perspective des élections présidentielles de 1993 : la mise au point d'un programme réaliste, l'organisation des meetings et le recrutement des soutiens ont été mon quotidien. Tous nos efforts, les bonnes volontés qu'Abdoulaye Wade avait réunies autour de lui et son propre charisme n'ont pas suffi pour remporter les élections.

Sans se décourager, il décida alors de renforcer la stratégie suivie jusqu'alors et qui lui avait déjà permis de récolter 32 % des suffrages exprimés. Il fallait davantage parler au peuple, insista-t-il, et pas seulement aux classes supérieures vivant sur la façade maritime du pays, Dakar, Saint-Louis, Thiès ou Ziguinchor. Il a eu l'intuition que, pour gagner, il avait besoin de l'adhésion des Sénégalais habitant en dehors de la zone côtière du pays. À chacun de ses discours, il parlait plus en wolof qu'en français. Il nous demanda aussi d'aller porter la bonne parole du PDS dans nos régions d'origine et de mobiliser en sa faveur tous les soutiens dont il avait besoin pour gagner.

Nommé secrétaire général adjoint de la convention régionale de Fatick, je m'y rendais chaque week-end pour « labourer le terrain » et convaincre les futurs électeurs de la justesse de notre programme politique. Ce maillage serré du territoire finit par porter ses fruits : en 2000, Abdoulaye Wade fut enfin élu président de la République. Après des dizaines d'années dans l'opposition, il accédait à la charge suprême à 74 ans et mettait fin au pouvoir sans partage du Parti socialiste. Ce n'était pas seulement une victoire retentissante pour lui et ceux qui l'accompagnaient, c'en était une également pour le Sénégal qui allait enfin connaître une nouvelle ère politique. Une première alternance.

Dans la foulée de son élection, le PDS remporta les législatives de 2001. C'est à ce moment-là que le président m'a demandé de quitter Petrosen pour entrer au gouvernement. « Je vous veux à l'Énergie », m'a-t-il annoncé. Signe de l'importance qu'il accordait au secteur énergétique, il confia au technicien que j'étais le ministère de l'Énergie, des Mines et de l'Hydraulique avec le rang de numéro deux du gouvernement. Au-delà de la reconnaissance de mes compétences et de mes capacités pour aider à relancer la prospection en hydrocarbures, j'y ai vu la preuve qu'il accordait une certaine valeur à mon travail au sein du PDS et à la fibre sociale que j'y défendais depuis mon adhésion.

Ce fut le début de ma carrière ministérielle. Après le tragique naufrage du *Joola* dont les 1 853 passagers disparurent en mer le 26 septembre 2002, le président me confia également le portefeuille des Transports et des Infrastructures en m'ordonnant de tout faire pour que pareil drame ne se reproduise plus. J'ai donc pris des dispositions strictes pour que les ferrys n'embarquent pas plus que les 550 passagers prévus. Peu après, des tensions apparurent entre le président et le Premier ministre Idrissa Seck qu'il avait choisi en 2002 et qui fut son numéro deux du parti.

Leur mésentente fut bientôt telle que la rupture se révéla inévitable. Le 21 avril 2004, le président m'appela pour prendre la tête du gouvernement. J'avais alors 43 ans et une vie politique déjà bien remplie. Cette nomination, je l'ai d'abord et avant tout considérée comme une mission d'urgence au service du pays. Le Sénégal avait trop pâti des dissensions entre le président et ses Premiers ministres successifs – en quatre ans, il en avait nommé trois –, et trop de projets vitaux pour le pays n'avançaient pas ou étaient embourbés pour des raisons politiques. Dans de nombreux domaines, l'action publique était paralysée et l'impatience de résultats montait dans l'opinion.

CHAPITRE 4

Aux manettes

Être propulsé à la tête du gouvernement fut pour moi un sacerdoce. Il y avait beaucoup à faire : remobiliser tous les secteurs d'activité « en panne », motiver chaque membre du gouvernement pour avancer dans la mise en œuvre de notre programme, procéder aux arbitrages budgétaires et surtout conduire la politique voulue par le chef de l'État pour regagner la confiance de l'opinion.

J'ai fait de la relance mon premier cheval de bataille ainsi que je l'ai annoncé lors de mon discours de politique générale devant l'Assemblée nationale. C'était le mois du ramadan et l'heure était donc à la paix et à la concorde. J'ai invité les députés à me soutenir sur le chemin d'un Sénégal « qui gagne » et à partager mon goût pour l'action, mon culte « du résultat concret et de la recherche du meilleur équilibre entre les exigences des populations et les performances de l'action publique ».

Dès mon arrivée à la primature, j'ai relancé le chantier de l'autoroute A1 prévue pour relier la capitale au futur aéroport international situé à une cinquantaine de kilomètres de Dakar. Le début de la construction du chantier avait été, lui aussi, retardé et j'ai fait en sorte que les discussions avec les contractants reprennent dans les meilleurs délais. De même, j'ai réactivé le projet d'aménagement de la corniche de Dakar prévu pour à la fois améliorer la circulation le long de la côte, désengorger la ville et offrir un lieu de promenade et de détente aux Dakarois.

Au-delà de ces premières décisions, et de ce qu'elles avaient d'emblématique pour mes compatriotes, il ne s'agissait plus pour moi que d'essayer de trouver du pétrole, de gérer les cadres du PDS ou encore de faire respecter l'ordre et la loi. Il fallait aussi voir plus large, penser à l'échelle du pays, pour tous les Sénégalais. L'efficacité doit primer sur tout et seul un travail sérieux peut la garantir. D'où ma méfiance pour les effets d'annonce qui ne servent le plus souvent qu'à masquer le manque de résultats…

Cette préférence pour le concret et non pour les longs discours, propre par ailleurs à mon caractère réservé, m'a valu quelques remarques. Dans un pays habitué aux grandes envolées lyriques et aux prises de parole enflammées, je fis plutôt figure de taiseux et non d'orateur spectaculaire. Avoir le visage d'un homme au travail plutôt que celui d'un tribun me convenait beaucoup mieux. Au bruit, je préfère la discrétion de l'action.

Rester modeste et privilégier les résultats à l'effet de manche est un atout. Surtout quand on cumule, comme ce fut le cas pour moi, la fonction de Premier ministre et celle de secrétaire général adjoint du parti présidentiel. Concilier ma loyauté au président avec les exigences de la discipline politique au sein du PDS ne fut pas toujours facile.

Ces quelques déboires qui scandalisaient mes proches mais me laissaient de marbre n'ont pas réussi à me distraire de ma tâche. On parle souvent de la charge de Premier ministre ; c'en est effectivement une. Diriger un gouvernement, c'est d'abord diriger des hommes et des femmes et ne suivre qu'un seul intérêt, celui du pays, selon la ligne fixée par le chef de l'État, ce qui s'avère parfois difficile. Bien que liés dans un même attelage, les ministres ne courent pas tous à la même vitesse. Le conducteur a donc souvent du mal à les faire avancer au même rythme.

Le poste de Premier ministre s'apparente aussi à une tour de contrôle qui doit en permanence vérifier la bonne marche de l'activité gouvernementale, ou à une salle d'entraînement où le coach passe une partie de son temps à encourager son équipe pour qu'elle s'active davantage. À la fin de la journée, il arrive qu'on soit gagné par une certaine frustration devant des résultats qui se font trop attendre, mais le lendemain, on repart plein d'énergie à la seule idée que l'on travaille pour améliorer le quotidien des Sénégalais. Pendant des années, ce fut mon meilleur carburant.

Autant dire que, pendant les trois ans et trois mois où j'ai été Premier ministre – un record de longévité sous le président Wade –, je n'ai pas beaucoup vu ma famille. L'intensité de l'activité politique et gouvernementale rythmait ainsi ma vie au quotidien, jusqu'au moment où surgirent des difficultés entre le président et moi. Quand survint la rupture, j'ai décidé alors de créer mon propre parti, l'Alliance pour la République, et de continuer ma voie. Ainsi vont les vicissitudes de la vie politique.

CHAPITRE 5

Au cœur du Sénégal

On ne se lance jamais sans risque dans une bataille. La condition *sine qua non* est d'être habité par la volonté de gagner, de l'emporter sur son adversaire, bref, de vaincre.

Après avoir été écarté de la présidence de l'Assemblée nationale, je n'avais aucune intention de passer mon temps à m'en lamenter. Au contraire, les circonstances de ma destitution me donnèrent une énergie nouvelle. Pour la première fois depuis longtemps, je me suis senti libre. En tout cas libéré du poids des responsabilités publiques, libéré de la tutelle d'un chef, libéré des contraintes que je m'étais imposées à moi-même pour être le meilleur et le plus efficace.

Ma rupture avec mon mentor politique consommée, j'ai retrouvé le temps qui me manquait pour ma famille. Parallèlement, je me sentais en pleine possession de mes capacités. Ce fut le meilleur déclic possible pour démarrer ma nouvelle vie et entamer le combat. En partie inspiré par les idées que j'avais défendues dans ma jeunesse, mon credo politique reposait sur un double socle : justice sociale et développement émancipateur. Les deux envisagés dans le cadre d'un panafricanisme engagé et volontariste.

Viscéralement attaché aux principes de notre République, je n'ai pas envisagé une seconde de contester le pouvoir en place autrement que par la voie démocratique, c'est-à-dire par le vote et donc par la création d'un parti politique. Inscrit dans la Constitution, le parti constitue la base de l'exercice démocratique. En rassemblant autour d'un même idéal ceux qui ont les mêmes convictions, il est la seule structure capable de leur donner la consistance nécessaire pour gagner la confiance des citoyens.

Je ne suis pas parti de rien. J'avais encore quelques amis et fidèles engagés dans la vie politique et qui partageaient mes orientations malgré les pressions et difficultés inhérentes à la vie dans l'opposition en Afrique. Autour d'un noyau dur que nous avons appelé *Fippu* qui signifie « révolte » en wolof, nous avons agrégé des militants, essentiellement des étudiants, séduits par ma démarche.

La création de mon parti, l'Alliance pour la République, était fondée sur diverses valeurs : la patrie avant le parti ; la conviction que le dépassement de sa condition inspire à l'homme toute sa valeur ; le refus absolu des petits arrangements avec l'éthique et la responsabilité morale ; la dignité et le respect des engagements ; enfin la défense sans faille de la République. Au-delà de cette première déclaration d'intention, je disposais de quelques autres avantages. J'étais loin d'être un inconnu : pendant des années, et même si j'étais discret et réservé, mes compatriotes m'avaient souvent vu. Évidemment, cela ne suffisait pas, et le manque de moyens humains et financiers comme de relais sur le terrain constituait un sérieux handicap. Mais il en fallait plus pour me décourager. D'autant plus que je n'avais d'autre choix que de me lancer dans la bataille.

Mon premier combat a été de reconquérir la mairie de Fatick à l'occasion des élections municipales de 2009. La remporter constituerait un premier tremplin vers les élections présidentielles de 2012. Pour être identifié et porter les couleurs de mon nouveau parti, il me fallait un logo et un slogan. Avec mes fidèles, nous avons décidé de nous démarquer de ce qui existait déjà sur le « marché ». Nous avons d'abord rompu avec les couleurs traditionnelles utilisées par les autres partis – le vert, le bleu, le rouge, etc. – pour choisir le marron, couleur de la terre. Nous voulions mettre l'accent sur le travail, la fertilité, la ruralité sénégalaise trop longtemps oubliée. En constatant que le marron était une couleur terne, nous avons admis qu'il fallait lui en adjoindre une autre. Mon épouse, toujours bonne conseillère, a alors eu l'idée de le combiner avec le beige comme elle le faisait quand elle confectionnait ses vêtements. Les deux couleurs se mariaient parfaitement. Nous avons suivi son avis et le résultat fut très réussi.

Il fallut aussi trouver une devise. Nous voulions qu'elle exprime le plus clairement possible nos valeurs. Trois mots les résumaient : Travail, Solidarité, Dignité. Le travail, car rien ne peut être obtenu sans effort ; la solidarité, parce qu'elle fait partie de nos valeurs sociales ; et la dignité, car c'est ce qui nous donne le sens de l'honneur, la force de rester debout, la tête haute en toutes circonstances. La dernière chose à faire a été de donner une identité à notre Alliance pour la République, à lui trouver un emblème facilement reconnaissable et dans lequel nos futurs partisans pourraient se retrouver. Un symbole, un outil, un végétal ? Ni l'un ni l'autre, mais une tête de cheval. Nous l'avons choisi pour les valeurs qu'il représente : noblesse, endurance, fidélité, puissance. Le cheval est peut-être l'animal le plus noble et le plus beau au service de l'homme. Il est le symbole du travail, fondement de l'activité humaine. Il ne se dérobe pas devant l'obstacle, reste au côté de son maître jusqu'au bout et forme avec lui un duo inséparable.

La raison pour laquelle je voulais redevenir maire de Fatick était d'ordre à la fois sentimental et tactique. D'une part, j'étais impatient de renouer avec mes racines en me présentant devant ceux qui me voyaient depuis toujours comme un enfant du pays. D'autre part, je savais que, sans mandat politique et sans base électorale locale, mes chances étaient faibles de pouvoir me présenter aux élections présidentielles de 2012, qui étaient évidemment mon objectif final.

Il s'agissait désormais d'installer l'APR sur tout le territoire national, y compris dans les régions les plus reculées. Aller à la rencontre de mes compatriotes, arpenter le terrain était le moyen le plus indiqué de remporter des élections, surtout locales. Je n'avais pas oublié la vieille tactique de Mao Zedong : rallier les campagnes à sa cause et encercler les villes. C'était un des principes du Mouvement révolutionnaire qui m'avaient le plus frappé lorsque j'étais étudiant et, toutes proportions gardées, je l'ai appliqué pour atteindre mon objectif. Je savais aussi que plus de la moitié de la population sénégalaise appartenait au monde rural et qu'elle constituait un socle sur lequel je devais m'appuyer pour gagner. Pour la rallier à ma cause, ma stratégie a consisté à implanter l'APR dans le plus grand nombre de départements possible. Au prix d'un important travail d'organisation, elle s'est révélée payante dès les élections locales de 2009 avec plusieurs circonscriptions remportées dont la mairie et le conseil régional de Fatick et plusieurs communes dans le nord du pays.

Une fois cette première victoire engrangée, j'ai repris mon bâton de pèlerin pour continuer l'ancrage du parti dans le pays profond et me faire mieux connaître. C'étaient chaque fois de véritables expéditions. Je partais au moins pour un mois, dormant chez l'habitant, visitant commune après commune dans chaque département et relevant partout les mêmes difficultés de la vie quotidienne : absence fréquente d'eau courante, de routes praticables, de services minimums, d'électricité. Et très souvent je voyais le même dénuement et la même fatalité dans les yeux de mes compatriotes.

Comment rester insensible devant ces visages qui s'efforçaient de rester dignes mais appelaient à l'aide ? Sur ces terres lointaines, j'ai mesuré le dénuement dans lequel se débattait toute une partie du pays, combien elle était arriérée, combien notre peuple souffrait en silence.

Ces tournées dans les profondeurs du Sénégal m'ont appris beaucoup de choses sur nous-mêmes. J'ai compris que les paysages et la nature façonnaient les hommes et les modes de vie autant que l'Histoire. Que nous étions un peuple industrieux, ouvert et plein d'énergie mais que cette énergie restait inerte faute d'élément déclencheur. Que nous étions encore trop engoncés dans notre histoire postcoloniale pour oser être enfin nous-mêmes et prendre pour de bon les rênes du pays ; qu'il y avait des différences inacceptables entre ce que l'on appelle le Sénégal maritime à l'ouest et au centre du pays et les terres de l'intérieur. C'est à partir de ces observations que j'ai commencé à concevoir ce qui allait devenir ma première initiative de politique publique une fois élu président : le programme d'urgence de développement communautaire (PUDC).

En quelques mois, je suis devenu le principal opposant à Abdoulaye Wade. D'autres chefs de parti l'étaient déjà depuis longtemps et nous nous sommes réunis dans un front, le Benno Siggil Senegaal, qui décida que tous se rallieraient à celui qui serait au second tour de l'élection présidentielle. J'ai alors formé la coalition Benno Book Yakaar, « Unis pour l'espoir », avec tous les autres candidats de l'opposition. Le 25 mars 2012, j'ai été élu avec 65,80 % des voix.

Ce soir-là, je me trouvais avec mon épouse à l'hôtel Radisson où nous attendions les résultats. Je m'efforçais de masquer mon impatience mais j'étais sur les charbons ardents. Autour de 21 heures, le président Wade m'a appelé pour m'annoncer qu'il avait eu les résultats et que j'avais remporté le scrutin. Il tenait à m'en féliciter. Un geste digne de l'homme d'État qu'il était. Ce fut un moment très émouvant pour moi parce que je ne pouvais oublier que je lui devais beaucoup. J'avais été son collaborateur le plus proche, son ministre, puis son Premier ministre, mais j'étais, par la force des choses, devenu son adversaire. Son appel m'a énormément touché et a effacé nos désaccords et la tension créée par notre contentieux politique et notre compétition électorale.

Mais en ce soir de victoire, plus que l'euphorie, c'est le poids des responsabilités que j'ai ressenti d'un coup. Dans mon esprit, j'ai tout de suite vu se dresser devant moi le mur de tout ce que j'allais devoir entreprendre. Un mur qui n'était pas infranchissable et dont je connaissais les grandes lignes de force mais qui, d'un coup, me rappela l'ampleur des responsabilités qui m'attendaient.

Comment les choses allaient-elles se passer ? Comment allais-je mettre en place mon gouvernement ? Comment organiser tout ce qui reposait désormais sur mes épaules ? Quelles priorités choisir ? Un flot de questions m'a envahi en l'espace de quelques secondes. Ce qui explique pourquoi je n'ai effectivement pas « vécu » la fête. Je n'en ai d'ailleurs pas eu le temps car mon téléphone n'a pas cessé de sonner. Mes nouveaux homologues appelaient les uns après les autres pour me féliciter, à commencer par ceux des pays de la Cedeao. En les écoutant, j'ai pris davantage conscience de la gravité du moment que j'étais en train de vivre. J'avais moins d'une semaine pour prendre mes fonctions et former mon gouvernement ! Mon investiture était prévue le 2 avril, deux jours avant le 4 avril, date de la fête nationale dont je devais présider les festivités en tant que président nouvellement élu. J'y ai vu le signe que les institutions sénégalaises étaient solides, pour permettre coup sur coup d'organiser une cérémonie d'investiture présidentielle et de fête nationale compte tenu de toutes les contraintes organisationnelles, logistiques et institutionnelles requises après une alternance politique. Il en a été de même entre mon successeur élu le 24 mars 2024, prenant fonction le 2 avril qui suivait, et moi.

CHAPITRE 6

Président-ingénieur

Dès mon arrivée à la présidence, j'ai posé ma marque. Celle d'un libéral doté d'une forte sensibilité sociale. J'ai voulu que la réussite récompense ceux qui se lançaient dans les affaires mais sans qu'elle se fasse au détriment des plus faibles. Je n'oubliais pas de quel milieu modeste je venais ni les conditions de vie difficiles d'une partie de mes compatriotes. Je croyais beaucoup à l'initiative privée et à l'entrepreneuriat. Pendant trop longtemps, le pays avait pris l'habitude de voir l'État, le secteur public se charger de tout. Quand il s'était agi de bâtir le Sénégal indépendant, cela avait été d'autant plus utile que le « modèle » français avait laissé des traces dans notre organisation avec une administration compétente mais occasionnellement pesante.

Cette situation présentait un défaut que j'avais plus d'une fois constaté. La bureaucratie pouvait parfois constituer un frein et retarder des projets dans l'agriculture, la santé ou l'énergie qui auraient pu accélérer notre développement. En 2012, le temps était venu de s'affranchir de ces mauvaises habitudes. Je voulais donc moins d'État pour mieux d'État et un secteur public qui cède peu à peu le pas au secteur privé. Pour mener à bien les nombreuses réformes que j'envisageais, il fallait libérer les énergies, rendre l'économie plus dynamique et organiser un service public plus efficace. Répondre aux attentes des Sénégalais alors que les moyens de l'État étaient largement insuffisants allait me demander beaucoup de volonté et d'habileté.

À titre d'exemples, en 2012 notre loi de finances accusait 53,6 milliards de francs CFA de recettes en moins, le secteur industriel était en berne, le gap tarifaire de l'électricité atteignait un montant de 60 milliards de francs CFA et l'insuffisance de la production d'énergies était responsable de plus de neuf cents heures de coupures d'électricité par an. Le pays était plongé dans le noir pendant l'équivalent de trente-huit jours par an ! Sans parler de la dégradation du compte courant de la balance des paiements.

À cause de la crise économique qui frappait le continent, et à laquelle le Sénégal n'échappait pas, la dégradation des comptes publics s'était accentuée. Tout le pays risquait d'être bloqué. Circonstance aggravante : les prix avaient fortement augmenté et les enseignants faisaient grève. Je venais d'hériter d'un pays qui s'enfonçait dans la crise. La première urgence était de trouver de quoi régler les dépenses indispensables au bon fonctionnement du pays.

Sachant que la France connaissait notre situation et s'en alarmait, je suis allé à Paris pour rencontrer le président de la République, Nicolas Sarkozy. Je l'ai connu lorsque nous étions ministres de l'Intérieur. Nous avions alors développé des liens amicaux. Bien qu'il fût en pleine campagne présidentielle, il a trouvé le temps de me recevoir et, après m'avoir écouté attentivement, m'a proposé un prêt budgétaire de 130 millions d'euros. Quand le président François Hollande lui succéda, il a honoré l'engagement de son prédécesseur et a versé une première tranche de 50 millions d'euros qui m'a permis de dénouer la crise.

Mon intention n'était pas d'opérer une rupture brutale avec le passé mais, au contraire, de lancer mes réformes tout en assurant une certaine continuité de l'action publique. Le vivre-ensemble, la cohésion nationale, la stabilité et le modèle démocratique devaient rester les pierres angulaires de la République. J'avais conscience que la stabilité se payait souvent par l'ankylose des structures d'État, en empêchant de remettre en question l'acquis malgré, parfois, son inutilité. Le train de vie de l'État était à la mesure de cet engourdissement général. J'ai opéré des coupes sévères pour le rendre plus efficace, plus frugal et rationaliser la dépense publique. Un certain nombre d'agences gouvernementales et d'administrations faisaient double emploi. Concrètement, cet *aggiornamento* s'est traduit par la mise en place d'un premier gouvernement resserré de vingt-cinq ministères (on en comptait trente-sept auparavant), la suppression de quarante-huit agences et structures, la fermeture d'ambassades et de consulats secondaires, la suppression du Sénat et de la vice-présidence de la République. Les économies réalisées ont ainsi permis de faire passer les dépenses de fonctionnement de l'État de 12 % du PIB en 2011 à 8 % en 2023.

En matière de développement, j'ai choisi l'inverse de la continuité, c'est-à-dire le changement, l'audace, la volonté de réforme. Président, je n'ai pas oublié que j'étais d'abord un ingénieur. C'est dans cet esprit que j'ai abordé la transformation du pays. La tâche était immense. Bien qu'il se soit beaucoup modernisé, le Sénégal n'était pas encore un pays en développement. Il manquait d'infrastructures essentielles, de routes, d'hôpitaux, d'universités, etc. La croissance démographique imposait de lui donner les moyens de se développer et d'investir pour l'avenir, faute de quoi le phénomène migratoire allait prendre des proportions inquiétantes et priver la nation d'une jeunesse qui préférerait les mirages d'une existence médiocre en Europe à une vie plus digne au pays.

Dès juillet 2012, j'ai mis en œuvre le programme politique sur lequel j'avais travaillé durant de longs mois, le Chemin du véritable développement, le *Yoonu Yokkuté*, devenu, en 2014, le plan Sénégal émergent (PSE) dont la finalité était de mettre en cohérence les nouvelles orientations du pays dans un monde en pleine mutation. Un de ses objectifs était la transformation structurelle de l'économie sur des bases de croissance plus larges allant du numérique à l'agriculture, du tourisme aux mines, des services financiers à l'énergie. Parallèlement, je me suis efforcé de redresser les finances publiques et de renforcer nos capacités budgétaires pour pouvoir investir dans des projets structurants.

Le PSE a été conçu pour se décliner à travers plusieurs programmes, chacun étant ciblé sur un objectif et un secteur économique ou social précis. Je l'avais structuré autour de trois grands axes : transformation structurelle de l'économie et croissance ; valorisation du capital humain, protection sociale et développement durable ; réforme de la gouvernance, des institutions, paix et sécurité. Pour aller dans cette direction, il fallait agir sur six points fondamentaux qui permettraient au Sénégal d'obtenir le statut de pays émergent, primordial pour nous donner accès aux financements internationaux : régler la question de l'énergie, améliorer l'environnement des affaires, mettre en place des infrastructures, renforcer le capital humain, les télécommunications et le financement de l'économie.

C'était vrai pour le monde rural qui avait toute mon attention mais également pour les villes et les banlieues. Là aussi, il fallait remédier à l'absence de programmes spécifiques.

Depuis des années, l'exode rural vers la capitale et les grandes villes du pays avait provoqué de graves problèmes en matière d'éducation, de santé publique, de transports, d'assainissement, d'hygiène et de sécurité. Des bidonvilles avaient envahi les zones périurbaines et les gens y vivaient dans des conditions précaires. Bien que le phénomène ne fût pas propre au Sénégal puisqu'il affectait la plupart des pays en développement, je voulais là aussi enclencher des réformes pour améliorer la vie quotidienne des populations.

Il y avait une autre urgence, exigée, celle-là, par l'état de la gouvernance juridique du pays. Elle nécessitait une réforme de fond pour lui donner plus d'efficacité et respecter les critères d'une démocratie moderne. Je souhaitais aussi plus globalement faciliter l'accès au droit pour tous. Depuis plus de treize ans, la Cour des comptes était paralysée parce que les lois organiques qui devaient lui donner une plus grande autonomie étaient bloquées. En décembre 2012, ces lois ont été enfin inscrites à l'ordre du jour du Parlement et votées. Elles ont renforcé le statut des magistrats de ladite Cour et levé les contraintes qui entravaient ses actions en lui offrant des capacités nouvelles. Pour bien montrer l'importance que j'accordais à cette institution, j'ai achevé le chantier de son siège à Dakar, entamé puis resté en l'état pendant plus d'une décennie.

Autre institution qui réclamait des réformes majeures : la justice. Elle fonctionnait mais les tribunaux étaient engorgés, les affaires traînaient et tout le monde – particuliers, juges et présidents de chambre, chefs de cour et de parquet – était mécontent de ce service dont le bon fonctionnement était pourtant le garant de notre démocratie. Pour accéder à la haute hiérarchie et prétendre aux fonctions supérieures, procureur général ou président de chambre à la Cour suprême, il fallait, par exemple, cumuler au moins vingt et un ans de carrière. Le législateur avait considéré, à l'époque, que c'était un gage de sagesse et de professionnalisme, mais cette bonne intention était devenue au fil des ans un handicap sclérosant la haute hiérarchie. Lassés d'attendre une promotion qui ne se profilerait que dans plusieurs années, certains magistrats préféraient quitter la fonction publique pour exercer dans des cabinets d'avocats et mieux gagner leur vie. La justice perdait ainsi chaque année un peu de ses forces vives et d'excellents professionnels.

J'ai donc fait modifier la loi organique portant statut des magistrats afin d'abaisser à dix-huit ans le délai nécessaire pour prétendre aux plus hautes fonctions de la magistrature. Parallèlement, j'ai augmenté le nombre de recrutements annuels des magistrats pour le faire passer d'une dizaine à trente, quarante, voire cinquante par an. Afin de rendre la profession plus attractive, j'ai demandé au ministre de la Justice de doubler les salaires, ce qui a permis de maintenir les magistrats dans le corps. Enfin, j'ai réorganisé la carte judiciaire du Sénégal pour mieux rapprocher la justice du citoyen car, comme pour l'électricité ou l'eau, une bonne partie de nos concitoyens n'avaient pas ou peu accès à la justice.

Avec l'aide de l'Union européenne (UE), j'ai mis en place des Maisons de la Justice qui avaient pour mission d'assurer les services de base – justice de proximité, conciliations et médiation sociale – afin de désencombrer les tribunaux et les contentieux. J'ai créé aussi des tribunaux, notamment de grande instance, dans tous les départements périphériques qui en étaient jusqu'alors dépourvus et installé deux nouvelles cours d'appel, à Tambacounda et à Kolda. Enfin, un Tribunal de commerce a été installé pour régler le sort des entreprises défaillantes et favoriser le climat des affaires.

J'ai souhaité aussi donner toute sa place à notre diaspora dans la vie démocratique. Près d'un million de Sénégalais vivaient en Europe, aux États-Unis mais surtout en Afrique centrale et de l'Ouest. Il n'était pas juste qu'ils ne puissent pas se faire entendre sur nos grandes orientations politiques. J'ai donc fait modifier les textes pour leur réserver quinze sièges à l'Assemblée nationale. C'était une façon de corriger une injustice mais aussi d'apporter aux débats parlementaires les arguments et les motivations de compatriotes susceptibles d'apporter un regard neuf grâce à leur expérience à l'étranger.

Dans le cadre de la gouvernance, j'ai enfin créé l'Office national de lutte contre la fraude et la corruption (Ofnac) et inscrit le Sénégal à l'Initiative pour la transparence dans les industries extractives (ITIE) qui avait été créée en 2003 mais à laquelle le pays n'avait pas adhéré.

En 2015, nous avions découvert un extraordinaire gisement de gaz au large de la frontière maritime avec la Mauritanie, la Grande Tortue Ahmeyin (GTA) qui laissait espérer des réserves de 450 milliards de mètres cubes. S'y ajoutaient les découvertes, très prometteuses, de deux puits de gaz au large de Saint-Louis et de Cayar (Yakaar et Teranga) puis, au début 2016, celle de pétrole au large de Sangomar avec ses 100 000 barils par jour. Ces gisements nous ont placés dans la liste des pays producteurs d'hydrocarbures, à une place encore modeste mais qui allait augmenter au fur et à mesure de la production. Cette exploitation de nos ressources naturelles exigeait de notre part une complète transparence dans la gestion des richesses générées, au niveau national comme international. La manne pétrolière excite beaucoup d'appétits, on le sait. D'où la traçabilité totale que j'ai voulue en la matière. Aujourd'hui, le Sénégal occupe la première place au sein de l'ITIE et en

Afrique pour la transparence dans les industries extractives. Le conseil d'administration de l'ITIE a reconnu en octobre 2023 qu'il avait « atteint un score très élevé dans la mise en œuvre de l'ITIE, suite à sa seconde validation ». Je dois saluer ici la grande sagesse qui a guidé la Mauritanie et le Sénégal pour signer l'accord d'unitisation permettant d'exploiter dans un esprit de coopération les ressources de gaz à cheval sur les deux pays. C'est un modèle qui devrait inspirer tous ceux qui œuvrent pour la paix et le développement.

L'ensemble de ces actions a permis au pays de réaliser un véritable saut qualitatif en matière de gouvernance. Même s'il n'avait jamais connu de problèmes majeurs en termes de libertés publiques et individuelles depuis l'indépendance, il méritait cette mise à niveau pour se mettre au standard d'un État moderne. Je déplore d'autant plus qu'un climat d'émeutes ait été instauré en 2021 par l'opposition alors que la violence n'avait jamais été un moyen de surmonter des différends politiques. Dans tout système politique, des désaccords émergent plus ou moins brutalement et le nôtre n'échappait pas à la règle. Au moins se réglaient-ils toujours de manière pacifique : notre tempérament foncièrement pondéré nous a toujours encouragés à les surmonter sans avoir recours à la violence.

Or, en 2021, cette dernière a fait brutalement irruption, non seulement dans le débat public, mais surtout dans la rue. On s'en est pris aux institutions de la République. Pour la première fois, des leaders politiques ont appelé publiquement à détruire l'État en poussant à l'insurrection. Le Sénégal n'avait jamais connu, auparavant, une telle brutalité. Nous avons assisté à des attaques en règle contre des sites de l'État, le ministère des Finances, le siège de la Senelec, celui de l'Eau, des infrastructures de transport, le train express régional (TER), le chantier du BRT. On a même vu des étudiants, ou déclarés comme tels, manifester et mettre le feu à l'université puis danser et chanter pour célébrer cet autodafé !

Devant cette violence gratuite, l'État devait rester debout. Je l'ai assumé. Sinon, le Sénégal figurerait aujourd'hui parmi les pays faillis. Il est de notoriété publique qu'il y a eu des ingérences étrangères massives avec des courants d'extrême gauche et des mouvements radicaux fréristes. Ils cherchaient à déstabiliser le Sénégal et sans doute au-delà : je ne suis pas loin de penser aujourd'hui, avec le recul, que ces actions insurrectionnelles faisaient partie d'un plan visant à fragiliser tout l'Ouest africain.

Le nouveau pouvoir est arrivé par les urnes et je m'en réjouis puisque c'est le choix du peuple et je le respecte, mais je ne pouvais accepter qu'il le soit par l'anarchie et l'insurrection.

CHAPITRE 7

Servir, agir, bâtir

J'ai rappelé plus haut l'importance que j'accordais à l'accès universel à l'électricité. Mon objectif était qu'il soit achevé à l'horizon 2025-2026. En 2012, les zones rurales restaient les plus mal desservies. Le taux d'électrification n'y atteignait pas 26 %. Il était à 63 % lorsque j'ai quitté mes fonctions en 2024. Apporter l'électricité dans tous les villages a été une de mes priorités et tout au long de mes deux mandats, j'ai personnellement suivi l'avancée des travaux. C'est un effort gigantesque que nous avons engagé. Le raccordement au réseau et aux petites centrales solaires financé par l'État a permis de tripler la puissance électrique du pays en dix ans. On doit cette avancée majeure à l'entrée en production de plusieurs centrales solaires dont celles de Bokhol, Mérina Dakhar, Niakhar, Kahone, et à la centrale éolienne de Taïba Ndiaye (156 mégawatts). Quant à la centrale solaire de Diass, fruit de la coopération sénégalo-allemande, elle a apporté 23 mégawatts, nous permettant ainsi d'atteindre l'objectif de 31 % d'énergies renouvelables que j'avais fixé pour notre mix énergétique. Je ne peux oublier que je l'ai inaugurée avec le chancelier allemand Olaf Scholz, en visite à Dakar moins de deux ans après celle de la chancelière Angela Merkel. Entre ces deux visites, j'ai eu le plaisir de recevoir également le président de la République fédérale d'Allemagne, Frank-Walter Steinmeier.

Après douze années passées à moderniser le pays, les résultats sont là. La puissance installée est passée de 550 à 1 900 mégawatts. Des autoroutes de l'électricité longues de 2 264 kilomètres couvrent désormais la quasi-totalité du territoire avec une interconnexion nationale complète du réseau électrique haute tension alimentant 5 300 localités au rythme de 443 par an. Au point que le Sénégal a été l'un des rares membres de la Cedeao à connaître un excédent de production en 2023 et à exporter son électricité vers ses voisins.

L'accès à l'eau potable a été l'autre grande priorité. À mon départ, 91 % des foyers sénégalais étaient raccordés au réseau. Là aussi, au prix d'un effort financier, technique et humain considérable qui a permis de réaliser 816 forages, d'installer 11 unités de potabilisation et de traitement des eaux, et plus de 10 000 kilomètres de réseaux d'alimentation. De nombreux pays du continent n'ont pas encore atteint ce taux. Mettre en place des systèmes hydrauliques à grande échelle reste, il est vrai, un immense défi.

Autre défi, tout aussi important pour la santé des Sénégalais et des centaines de millions d'Africains, celui de l'assainissement. C'était un facteur fondamental de la problématique du développement durable, si importante pour tous les pays africains. Mais il demande énormément de ressources en eau comme en infrastructures, en particulier dans les mégalopoles. Ces très grandes agglomérations, le continent en compte déjà plusieurs : Le Caire, Kinshasa, Lagos, et bientôt, à l'horizon 2030, Luanda, Nairobi, Dar es Salam, Johannesburg, Alger,

Accra, Abidjan, Casablanca et Dakar. Notre capitale a déjà toutes les caractéristiques d'une mégapole. Au Sénégal, le système d'assainissement est en partie achevé, notamment dans les villes où il atteint un taux de 88,9 %, mais beaucoup reste à faire dans le monde rural où il n'est encore que de 62,2 %.

Tous ces travaux ont été réalisés dans le cadre du plan national d'aménagement et de développement du territoire (PNADT) que j'ai mis en place. Il était conçu pour se déployer autour de pôles d'excellence régionaux dotés d'infrastructures majeures comme des hôpitaux, des aéroports secondaires, des universités, des lycées. Ce plan visait aussi à développer l'attractivité économique de ces territoires afin que leurs habitants bénéficient de meilleures conditions de vie et restent sur place au lieu d'aller s'entasser dans des banlieues de la capitale. L'immigration intérieure reste un de nos problèmes, comme pour tous les pays en développement. Si l'on veut que nos compatriotes renoncent à émigrer dans les grandes villes, il faut qu'ils trouvent chez eux de quoi vivre décemment, autrement dit un emploi, des structures d'éducation et de santé, des services publics.

Pour y parvenir, j'ai lancé dès mon premier mandat le PUDC. Ce programme opérait spécifiquement au niveau des terrains pour développer l'hydraulique rurale et les *off-grids*, mettre en place des petits dispensaires, désenclaver les zones isolées grâce à la construction de routes ou de pistes destinées à permettre l'acheminement des productions agricoles vers les marchés.

Il avait pour ambition d'améliorer les conditions de vie des populations en milieu rural par l'accès à des infrastructures et à des services socio-économiques de base. Démarré en 2015, il a été décliné en plusieurs phases et en six volets correspondant chacun à un objectif particulier : électrification, pistes, hydraulique, santé, éducation, transformation agroalimentaire. Quelques chiffres donnent une idée de ce qui a été réalisé en dix ans dans les régions les plus isolées du pays : près de 1 000 kilomètres de pistes ont désenclavé 850 villages ; près d'un million de personnes ont eu accès à l'électricité dans plus de 1 000 localités ; 355 systèmes hydrauliques ont été installés ou forés pour offrir l'eau potable à plus de 650 000 habitants ; des dizaines de postes de santé et d'infrastructures scolaires ont été réalisées ; plus de 5 300 équipements agricoles ont été fournis aux habitants.

Poursuivi depuis mon départ sous une autre appellation, le PUDC a très notablement amélioré le niveau de vie et de bien-être d'une partie de la population jusque-là délaissée et, par contrecoup, l'économie du pays. En particulier, il a favorisé l'émergence d'une économie rurale qui a permis de réduire la pauvreté et l'exode intérieur. Je me réjouis qu'il constitue aujourd'hui un modèle original adopté par cinq pays africains. Le PUDC pourrait d'ailleurs se déployer sur une échelle plus vaste, celle du continent, sous l'égide par exemple de l'UA. Plusieurs pays connaissant les mêmes problématiques pourraient l'adopter avec profit. L'expérience que j'ai acquise dans sa conception et sa mise en œuvre pourrait ainsi être utile à tous mes frères africains.

Une des composantes du PUDC était plus particulièrement destinée aux femmes. L'essentiel du travail domestique reposait et repose toujours sur leurs épaules. Elles devaient à la fois assurer leur rôle de mère, se charger des corvées d'eau et de bois et éduquer leurs enfants en respectant les règles de leur communauté. J'ai toujours eu énormément de respect pour ces femmes qui ne se plaignaient jamais, qui conservaient leur dignité même dans les pires moments, quand les récoltes étaient mauvaises à cause de la sécheresse et quand la disette menaçait. Je conservais en mémoire la belle et bonne figure de ma mère qui ne comptait jamais son temps pour nous élever, mes frères, ma sœur et moi, qui travaillait dur pour satisfaire les besoins de la famille et arrondir les fins de mois et qui s'est sacrifiée pour que nous puissions faire des études et nous élever dans la hiérarchie sociale. C'est le quotidien de presque toutes les mères africaines.

La réduction de la pénibilité du travail des femmes en milieu rural figurait donc dans mes promesses de campagne et j'ai tenu parole. Avec le PUDC, elles ont appris comment utiliser les batteuses, les décortiqueuses, les moulins et autres machines mises à leur disposition et n'ont plus été obligées de piler le mil pendant des heures en utilisant des instruments contondants avec le pilon dans un mortier. Il remonte à ma mémoire une chanson tirée du roman *L'Enfant noir* de Camara Laye, connue de plusieurs générations d'écoliers africains : « *Les coqs chantent, le jour paraît, tout s'éveille dans le village, pour que le bon couscous soit prêt, femmes debout et du courage, pillons pan pan, pillons pan pan, pillons gaiement.* » Après le raccordement au réseau d'adduction d'eau ou le forage au plus près des villages, elles n'ont plus été condamnées aux éreintantes corvées d'eau.

Les femmes sont la richesse de notre nation. Elles ont payé et paient encore un lourd tribut pour faire vivre leur famille. Leurs responsabilités familiales sont aussi multiples qu'écrasantes. Il fallait les en délivrer, leur donner les moyens d'avoir plus de temps pour elles et leur permettre de se livrer à des activités génératrices de revenus afin d'augmenter leur niveau de vie. Les systèmes de microcrédits mis en place leur offrent cette possibilité.

En introduisant beaucoup de matériels agricoles et plus de 5 000 équipements de transformation postrécoltes, le PUDC a révolutionné le monde rural. Un monde agricole bien géré et soutenu par l'État est la première richesse d'un pays s'il veut être moins dépendant de ses importations, ce qui est encore notre cas. L'exemple de notre production de riz est significatif. Une campagne ambitieuse a été lancée pour l'augmenter dans les zones pluviales du Sud et du Centre mais aussi dans les zones irriguées du Nord. Avec des investissements d'un bout à l'autre de la chaîne, depuis l'aménagement des périmètres, les semences et fertilisants jusqu'au traitement du riz en usine. L'objectif était de viser l'autosuffisance.

En 2023, le volume produit a atteint 842 819 tonnes de riz blanc. Ce n'était pas encore suffisant car la consommation augmente avec l'accroissement démographique et certains problèmes liés à l'environnement empêchent encore une seconde récolte annuelle dans la plupart des zones irriguées. Un autre facteur limitant reste la faiblesse du secteur privé dans l'agribusiness pour augmenter la production rizicole nationale, voire continentale. C'était toutefois un progrès considérable et je n'ai pas boudé mon plaisir lorsque j'ai reçu la médaille d'or de l'Académie d'agriculture de France le 24 octobre 2018. Elle récompensait, selon les mots de l'Académie, ma vision et ma volonté de faire de l'agriculture un moteur économique du pays.

En fin de compte, en douze ans, la production sénégalaise de céréales a augmenté de plus de 145 %, de plus de 77 % pour les arachides et les exportations de produits horticoles ont doublé en dix ans pour atteindre plus de 90 000 tonnes, soit 75 milliards de francs CFA. La production laitière a atteint 300 millions de litres en 2022. Et nous avons construit cinq agropoles pour transformer sur place nos produits agricoles. Ce que j'ai fait pour l'agriculture, je l'ai entrepris également pour l'élevage et pour la pêche. Celle-ci est devenue un poste majeur de nos exportations. La richesse de nos zones halieutiques permet au Sénégal d'exporter notamment du thon rouge très recherché en Europe mais aussi au Japon et en Corée du Sud.

Certaines régions cumulaient plusieurs handicaps. Non seulement elles étaient excentrées et pauvres, mais elles étaient situées aux frontières du pays. Ce qui signifiait qu'elles étaient enclavées par manque de routes ou de pistes. J'ai donc mis en place un programme spécifique pour elles, le programme d'urgence de modernisation des axes et territoires frontaliers (PUMA). Son objectif était de relier ces territoires peu peuplés aux axes principaux afin de permettre à leurs habitants de rallier des agglomérations parfois distantes de centaines de kilomètres. Cette politique d'aménagement du territoire a été couplée à une initiative plus générale, le programme de modernisation des villes (Promovilles). À travers lui, l'État, en s'appuyant sur des partenaires techniques et financiers (PTF), et les collectivités territoriales, a pris le relais des communes qui n'en avaient pas les moyens pour moderniser leur voirie, leur assainissement et leur éclairage public.

Ces programmes très volontaristes qui ont structuré ma politique à long terme ont été initialement mis en œuvre par le Programme des Nations unies pour le développement (PNUD) qui remplissait le rôle d'agence d'exécution. Par la suite, nous les avons opérés nous-mêmes. Les progrès qu'ils ont réalisés en ont fait des modèles pour la croissance et l'inclusion, et ils sont appliqués dans huit pays. Toutefois, malgré de grandes avancées en matière de développement local et communautaire, et en matière d'infrastructures, je dois reconnaître qu'on n'en fait jamais assez tant les besoins sont énormes.

Faute non pas d'un manque de volonté politique – on aura compris que je n'en ai pas manqué pendant douze ans –, mais d'un facteur beaucoup plus prosaïque : le temps. Il a été mon principal ennemi malgré mes douze années à la tête du pays : les choses n'avançaient jamais aussi vite que je le souhaitais, les retards d'exécution étaient fréquents et parfois devenaient la règle, avec leurs conséquences sur les dépassements budgétaires qui empêchaient certains engagements d'être finalisés. J'ai dû mettre sur pied un bureau opérationnel de suivi (BOS) pour la mise en œuvre du PSE, une *delivery unit* avec le soutien du Tony Blair Institute.

Il peut y avoir pire et on le voit souvent, c'est le changement de priorité politique. Il n'est pas rare qu'un nouveau gouvernement mette un terme à des réformes antérieures qu'il ne juge plus essentielles ou qui ne correspondent pas à ce qu'il a promis aux électeurs. Ou tout simplement parce qu'il considère que ce qui a été fait et engagé par le précédent est mauvais. Quand il s'agit de réformes structurelles qui entendent projeter le pays dans vingt ou trente ans, les arrêter d'un coup est fatal et condamne le pays au mieux à faire du surplace, au pire à la relégation, et nos compatriotes à reporter leur espoir d'un avenir meilleur.

Avec les financements que j'ai obtenus de nos PTF, le pays s'est modernisé comme il ne l'avait jamais été auparavant. Ses capacités électriques ont été triplées en dix ans, 325 kilomètres d'autoroutes, 3 326 kilomètres de routes, 8 000 kilomètres de pistes et 26 nouveaux ponts ont formidablement amélioré la circulation des biens et des personnes, offrant à tous nos compatriotes des perspectives nouvelles. Dans ce domaine, le plus emblématique est peut-être le premier train électrique roulant en Afrique subsaharienne, le TER Dakar-Diamniadio-aéroport international Blaise-Diagne.

L'aboutissement de ce projet me tenait particulièrement à cœur. Il réalisait le rêve vieux de trente ans que j'avais fait quand j'étais à Paris. C'était en 1992 et j'étais étudiant à l'École du pétrole et des moteurs. Les cours se déroulaient à Rueil-Malmaison et je m'y rendais tous les matins en prenant d'abord le métro puis le RER A. Entre l'Étoile et la Défense, le RER ne s'arrêtait pas et roulait au maximum de sa vitesse, c'est-à-dire très vite. J'étais impressionné par la puissance qui se dégageait de cette machine, par son confort, et me demandais quand nous aurions des trains aussi rapides chez nous. Après des années de travaux, lorsque j'ai inauguré le 14 janvier 2019 le premier tronçon de 30 kilomètres du TER capable de rouler à 160 kilomètres par heure, ce souvenir m'est revenu.

Le TER fabriqué par Alstom compte 22 rames et dessert 13 gares. Mis en service le 27 décembre 2021, il a déjà transporté plus de 17 millions de voyageurs. C'est un transformateur en matière de transport vert, propre, sûr et rapide mais aussi en termes de mobilité pour les gens, la société et l'emploi. La mobilité, c'est la mobilité sociale, géographique, humaine : il ne s'agit pas seulement d'aller d'un point à un autre, mais de relier les hommes les uns aux autres. De permettre à des familles de se réunir, de favoriser des rencontres qui, sans le train, ne se seraient jamais produites. De faire émerger tout au long du parcours des commerces nouveaux, des entreprises nouvelles. De permettre à ceux qui n'avaient pas pu jusqu'alors sortir de la capitale de découvrir la région et, peut-être, de vouloir aller plus loin, de faire naître des projets.

Au-delà de la région, le TER est un des plus beaux outils de développement du pays. Il relie la capitale à la nouvelle ville de Diamniadio que j'ai voulu édifier, à partir de 2014, pour désengorger Dakar menacé d'apoplexie. Un quart de la population sénégalaise y vivait. La ville étouffait et la spéculation immobilière provoquait une hausse des loyers dont le coût devenait difficilement supportable pour les plus modestes, voire pour les classes moyennes. Des administrations et des entreprises se sentaient à l'étroit et réclamaient plus d'espace. À distance de 30 kilomètres de la capitale et sur une superficie de 1 600 hectares, Diamniadio a été conçue pour être un pôle économique et administratif à part entière et offrir des logements aux milliers de Sénégalais venus chercher du travail dans la capitale et qui s'entassaient dans des banlieues mal équipées. Des entreprises, notamment pharmaceutiques, s'y sont installées, des ministères s'y sont délocalisés, l'université Amadou-Mahtar-Mbow, le stade Abdoulaye-Wade de 50 000 places, Dakar Arena et des immeubles d'habitation y ont été bâtis par dizaines. Une nouvelle ville ne sort pas de terre en quelques années. Il en faut donc plusieurs pour que Diamniadio soit pleinement opérationnelle avec ses commerces, ses écoles, ses hôpitaux et autres commodités.

La modernisation du pays, menée parfois à marche forcée, a touché tous les secteurs. Mais je dois rendre à César ce qui appartient à César : Abdoulaye Wade l'avait déjà amorcée avec, par exemple, la construction de l'autoroute qui relie aujourd'hui Dakar à Diamniadio. Il avait lui aussi l'ambition de faire du Sénégal un pays moderne. Mon élection, en effet, a eu le mérite d'ouvrir beaucoup plus largement notre pays sur le monde extérieur par la consolidation de notre coopération traditionnelle avec l'Occident et le monde arabe mais aussi le renforcement des relations avec la Chine, l'Inde, le Brésil et la Turquie.

Grâce à mes nombreux contacts étrangers et au renouveau que j'incarnais, le Sénégal a rassuré les investisseurs qui ont compris ma volonté de dynamiser notre activité économique et de lancer de grands travaux. De grandes entreprises chinoises, turques et bien sûr françaises ont décidé de participer à notre aventure en finançant nos infrastructures. Les Américains, eux aussi, nous ont soutenus à travers le fonds Millenium Challenge Account. Après un premier Compact de 550 millions de dollars obtenu par le président Wade, j'en ai négocié un deuxième de 600 millions de dollars puis un troisième, régional et plus spécialement destiné à l'économie bleue, c'est-à-dire à la pêche et l'aquaculture que nous partageons avec le Cap-Vert.

L'attractivité du Sénégal s'est renforcée de façon spectaculaire : avec 2,64 milliards de dollars d'investissements directs étrangers (IDE), il se classe au 5e rang des pays africains d'après le classement de la Conférence des Nations unies sur le commerce et le développement (Cnuced) du 20 juin 2024. La sortie du Sénégal du classement des pays les moins avancés (PMA) en 2024 confirme les progrès accomplis. La modernisation du port de Dakar en a fait un des plus dynamiques d'Afrique de l'Ouest et grâce à lui, le Sénégal est devenu un hub du commerce régional et international. Je prie pour que ces efforts soient maintenus.

En mobilisant toutes les ressources financières domestiques, notre budget est passé de 2 300 milliards de francs CFA en 2012 à 7 000 milliards en 2024. Cette année-là, le PIB est monté à 6 165 milliards de francs CFA. Tout au long de mes deux mandats, la croissance n'a jamais été inférieure à 4,6 %

(2023) – à l'exception du 1,3 % de 2020 en raison de la pandémie du covid-19 – avec un pic à 7,4 % en 2017.

J'ai aussi beaucoup amélioré la protection sociale, l'éducation, la santé. En particulier lors de la pandémie du covid-19 pendant laquelle j'ai mobilisé tous nos services hospitaliers et organisé la vaccination de la population. Et quand la revue *Foreign Policy* a classé le Sénégal au deuxième rang des pays qui avaient le mieux géré la pandémie, je n'ai pas caché ma fierté, moins pour le président que j'étais que pour mes compatriotes qui avaient prouvé leur résilience pendant si longtemps. C'est pourquoi je ne peux qu'être indigné lorsque le nouveau pouvoir prend comme prétexte la reddition des comptes et utilise la Haute Cour de justice pour incriminer des ministres et les emprisonner sur la base de l'audit de la Cour des comptes que j'avais moi-même ordonné : on frise la vendetta, alors que nulle part dans ce même rapport aucun des ministres accusés et mis en prison n'est cité. Il en est de même des accusations de falsification des chiffres de la dette publique lancées par le nouveau gouvernement qui n'a pas hésité à changer les méthodes et bases de calcul pour les formuler. Au moyen d'un artifice comptable, il a ainsi ajouté toute la dette contingente des sociétés nationales à la dette publique, ce qui est proprement inacceptable. La dette publique représente principalement celle de l'État à travers le Trésor mais aucunement celle des sociétés nationales qui possèdent un patrimoine, des actifs et du passif, comme la Senelec, Air Sénégal, etc.

La couverture maladie universelle, lancée en 2015, a permis, entre autres, à près de 4 millions de Sénégalais de bénéficier d'une assurance maladie, à 2 millions de non-cotisants d'avoir une couverture sanitaire à travers les mutuelles de santé communautaires et à plus de 8 millions d'enfants de moins de

5 ans de bénéficier de soins gratuits. Quant aux structures de santé, quinze centres ont été mis en service et cinq nouveaux hôpitaux ont été construits.

J'ai toujours considéré qu'une bonne santé partagée par la majeure partie de la population était une des conditions d'un progrès juste et équitable.

CHAPITRE 8

Une diplomatie à 360 degrés

L'ensemble de ces réformes n'avait qu'un seul but, améliorer les conditions de vie de mes compatriotes et faire du Sénégal un pays émergent. Elles allaient de pair avec un autre objectif, tout aussi nécessaire : renforcer notre position dans le concert des nations, en Afrique et dans le monde. À travers les progrès que tous nos visiteurs pouvaient constater, je voulais faire mieux entendre notre voix et lui donner plus d'écho. Les présidents Senghor, Diouf et Wade, chacun avec son style et son charisme, lui avaient donné une certaine autorité. M'appuyant sur leurs acquis, je me suis donné l'ambition de faire faire au Sénégal des progrès significatifs, durables et irréversibles. Renforcer la place du Sénégal dans les enceintes internationales était donc pour moi un impératif.

Notre pays était, et reste, une des plus grandes et anciennes démocraties d'Afrique, il était un des rares à n'avoir connu ni dictature ni coup d'État. On le devait à Léopold Sédar Senghor, le père de la nation qui avait su construire et consolider cette volonté du vivre-ensemble qui nous a évité les batailles tribales et autres conflits ethniques. On lui doit, à lui ce président chrétien régulièrement réélu dans un pays majoritairement musulman, d'avoir donné à tous les Sénégalais, quelles que soient leur religion et leur ethnie d'origine, le sentiment d'appartenir à une même patrie, de partager le même sol et le même drapeau, sans exclusion ni discrimination.

Au Sénégal, la tolérance religieuse et politique est une réalité de tous les jours et personne ne songe à la remettre en question. Que ce vivre-ensemble perdure aujourd'hui, alors que le monde autour de nous se déchire et s'emballe, n'est pas une mince preuve de santé démocratique. Mais il appartient à tous et à toutes, des responsables politiques suprêmes jusqu'aux citoyens les plus modestes, de tout faire pour que cette situation perdure. Nul aujourd'hui ne peut oublier que les démocraties sont fragiles et se construisent jour après jour, sans relâche, dans ses institutions mais aussi dans l'esprit et le cœur de chacun.

Le Sénégal est, à cet égard, un modèle que je me suis efforcé, tout au long de mes deux mandats, de préserver et de consolider. La solidité de ses institutions était reconnue et saluée sur tout le continent, et les alternances politiques se sont opérées sans troubles, contrairement à d'autres pays. Défendre les intérêts du pays et lui rendre toute son autorité à l'international était pour moi un devoir.

Là aussi, les responsabilités étaient immenses. L'histoire et la position géographique du Sénégal en font un pays incontournable sur le continent, bien au-delà de la seule Cedeao, et ses prises de position sont suivies avec attention par toutes les chancelleries du monde. Quand j'ai pris mes fonctions, j'ai eu la chance de trouver un appareil diplomatique éprouvé. Sous la conduite de nos présidents successifs, il s'était frotté aux grandes diplomaties mondiales, aux organisations multilatérales, et avait joué un rôle non négligeable dans la résolution de certaines crises internationales. La politique étrangère étant du ressort exclusif du chef de l'État, Premier ministre, j'avais eu peu d'occasions de travailler directement avec les diplomates. Une fois au pouvoir, j'ai pu apprécier leur grand professionnalisme et leur habileté dans des négociations difficiles.

Pour mener ma politique étrangère, je me suis appuyé sur les acquis du pays : bon voisinage, d'un côté, et défense de nos intérêts identifiés dans plusieurs cercles concentriques, de l'autre. En 2012, le pays était cerné par une ceinture de feu. Nous avions des problèmes avec la Mauritanie, avec la Gambie et, dans une moindre mesure, avec le Mali. Notre voisinage immédiat était compliqué et affrontait des problèmes de sécurité. Il m'a d'abord fallu apaiser ce voisinage, puis définir et appliquer une nouvelle approche fondée sur le dialogue et la proximité.

Pour mon premier voyage à l'étranger, je me suis rendu à Banjul. La Gambie et le Sénégal sont condamnés à vivre ensemble et doivent le faire dans la paix. Nos accords se sont matérialisés par la construction d'un pont sur le fleuve Gambie, un vieux rêve que le président gambien et moi avions l'un et l'autre. Long de 942 mètres, inauguré en janvier 2019 par son successeur, le président Adama Barrow, et moi, il a permis de relier enfin plus facilement nos deux pays et de renforcer leur intégration. Au-delà, il a offert au Sénégal un accès plus rapide à la Casamance, située au sud de la Gambie, et a amélioré considérablement la circulation des marchandises sur l'axe routier de l'Ouest africain Nouakchott-Dakar-Abidjan-Lagos.

Dans notre cercle régional, j'accordais aussi une grande importance à nos relations avec la Mauritanie que j'appelle affectueusement le « pays parent ». Au-delà de la proximité géographique, notre façade sur l'Atlantique et les menaces que faisaient peser sur nous les mouvements armés opérant au Mali nous imposaient de nouer une coopération renforcée en matière de sécurité régionale. Nous partageons également d'autres intérêts, en particulier l'exploitation commune du très important gisement de gaz off shore de Grande Tortue Ahmeyim à la frontière entre nos deux pays.

Peu après mon élection, je suis allé à Paris pour faire le point sur nos relations bilatérales. Elles avaient toujours été de grande qualité et j'avais besoin d'un soutien urgent pour démarrer mon mandat.

Notre politique étrangère s'appuie traditionnellement sur quatre invariants. Je les ai suivis avec la même rigueur que mes prédécesseurs. Le premier était nos liens forts et anciens avec l'Arabie saoudite. Nous partageons avec le royaume saoudien la même religion et les deux lieux saints de l'islam. Le Maroc constituait le deuxième socle de nos relations extérieures. Nous avons avec lui des relations suivies depuis des siècles, en particulier à travers la Tidjaniya, la grande confrérie soufiste qui rassemble des dizaines de millions d'adeptes dans l'Ouest africain. Au-delà de cette fraternité religieuse, nos relations politiques avec le Royaume chérifien sont marquées par la confiance et l'intensité. J'ai beaucoup fait pour renforcer nos liens avec ces deux États dont l'importance sur la scène mondiale était déjà de plus en plus manifeste.

Au-delà de ces deux alliances, j'ai évidemment eu à cœur de développer et de renforcer nos liens avec la France et les États-Unis d'Amérique. La première pour des raisons historiques, économiques et stratégiques évidentes. Nos liens avec l'ancienne puissance coloniale sont aussi forts qu'amicaux et nous nous parlons d'égal à égal. La France est par ailleurs notre porte d'entrée dans l'UE, partenaire commercial incontournable aussi bien pour le Sénégal que pour l'Afrique tout entière. Cette relation privilégiée s'est encore renforcée avec Nicolas Sarkozy qui est un ami. Quand je suis allé le voir après mon élection, comme je l'ai rappelé, il m'a dit qu'il connaissait la situation difficile dont j'héritais et qu'il était prêt à m'aider. Il m'a proposé d'emblée un soutien de 130 millions d'euros qui s'est concrétisé sous la présidence de François Hollande, lequel venait de gagner les élections. Je n'ai cessé de le remercier d'avoir honoré l'engagement de son prédécesseur dans les premiers mois de sa présidence.

J'ai eu les meilleures relations de travail, amicales et basées sur le respect mutuel, avec ces deux présidents puis avec Emmanuel Macron depuis 2017. Le Sénégal ayant toujours été proche du bloc occidental, j'ai entretenu d'excellentes relations également avec les États-Unis d'Amérique. Lors de mes entretiens bilatéraux, je défendais évidemment les intérêts du Sénégal mais, chaque fois que l'occasion se présentait, je les replaçais dans le cadre plus général des intérêts globaux du continent africain. Cette vision m'a évidemment été plus facile à faire partager après mon élection à la présidence du Comité d'orientation des chefs d'État du Nouveau partenariat pour le développement de l'Afrique (Nepad) de 2013 à 2019 puis à la présidence tournante de l'UA en 2022.

Parallèlement, j'ai eu une approche plus ouverte vers des pays dont le poids géopolitique devenait chaque jour plus évident et pour qui le Sénégal pouvait être un partenaire intéressant. J'ai ainsi développé de nouvelles relations extérieures, notamment avec la Chine de Xi Jinping et la Turquie de Recep Tayyip Erdogan avec lequel j'entretiens une relation très amicale. Quand, par exemple, j'ai lancé le projet de la nouvelle ville de Diamniadio, c'est avec l'aide de la Turkish Exim Bank que les études préalables et les infrastructures ont été financées. Quant à la Chine, et bien que je fusse catalogué comme un président pro-occidental, je suis celui qui a le plus travaillé avec elle. J'ai ainsi débloqué près de 2,5 milliards de dollars pour financer la construction de routes, d'autoroutes et de parcs industriels, sans compter la réhabilitation sous forme de dons du stade Léopold-Sédar-Senghor, de la construction de l'Arène nationale de lutte et de l'hôpital mère-enfant de Diamniadio.

Tout en renforçant nos relations traditionnelles, j'ai prôné plus de diversité dans nos relations extérieures. Nous nous sommes davantage ouverts sur le monde, avec comme objectif de porter la voix de l'Afrique à travers celle du Sénégal. J'ai ainsi coprésidé le Forum sur la coopération sino-africaine (Focac) pendant six ans de 2018 à 2024. À chacune de ces occasions, je me faisais l'avocat de l'ensemble du continent, auprès de Pékin, et de toutes les grandes capitales mondiales. Elles devaient désormais admettre que l'Afrique était devenue un partenaire non négligeable de la deuxième économie mondiale. Dans un souhait bien compris d'équilibre, j'ai également renforcé nos coopérations avec l'Inde, le Brésil et la Corée du Sud, trois pays devenus des acteurs incontournables de la vie internationale, et avec lesquels j'ai lancé d'importants projets. C'est le même souci d'équilibre qui m'a conduit à coopérer plus activement avec les pays de l'Union européenne, en particulier l'Allemagne et la République tchèque. Avec la Russie, j'ai eu aussi des relations suivies dans le cadre, notamment, du G8 avant qu'il redevienne le G7.

Au moment où les conflits au Proche-Orient ont repris dans les conditions que l'on sait, je ne peux pas ne pas évoquer nos relations avec Israël. Nous avions avec lui des relations de coopération dans plusieurs domaines mais le gouvernement israélien n'ignore pas que c'est le Sénégal qui, à l'occasion de son mandat de deux ans au Conseil de sécurité en tant que membre non permanent, a introduit pour la première fois dans l'agenda du Conseil la thématique « Eau, Paix et Sécurité ». C'est également le Sénégal qui avait coparrainé avec la Nouvelle-Zélande et la Malaisie en 2016 un projet de résolution condamnant les colonies israéliennes en Cisjordanie. Notre soutien à la cause palestinienne ne pouvait pas être plus clair.

Quand notre projet fut adopté par l'Assemblée générale sous la forme de la résolution 2334, Israël a immédiatement réagi par le rappel de son ambassadeur pour consultation. Bien que nous ayons expliqué au gouvernement de Tel-Aviv qu'assumer nos amitiés et défendre la cause palestinienne ne signifiait pas que nous étions contre l'État d'Israël, les pressions exercées alors par Israël pour que le Sénégal retire son parrainage au projet de résolution ne m'ont pas fait changer de position. Même si notre relation avec Israël avait toujours été de qualité et continue de l'être. Notre diplomatie était souveraine et j'entendais bien qu'elle le reste.

Mes fonctions de président de la Cedeao, de président du Nepad pendant sept ans et de président de l'UA en 2022 ont évidemment renforcé l'action de notre diplomatie. Le Sénégal n'a pas d'ennemis, il est l'exemple même d'un pays non aligné. Quand le conflit a éclaté en Ukraine, je n'ai pas pris parti, mais force m'a été de constater que cette guerre avait des répercussions dramatiques sur nos populations. Le blocage des exportations de blé et d'engrais qui passaient jusqu'alors par la mer Noire provoquait une crise alimentaire dans les pays qui se fournissaient chez les Russes et les Ukrainiens. Les céréales et les engrais étaient devenus une arme alimentaire entre les deux protagonistes. On ne pouvait pas rester sans rien faire face à des difficultés d'approvisionnement qui provoquaient un début de pénurie là où le blé était l'aliment de base.

Président de l'UA cette année-là, j'ai décidé de m'engager dans une médiation diplomatique complexe afin de défendre nos intérêts, ceux du Sénégal et ceux de l'Afrique. Accompagné de Moussa Faki Mahamat, le président de la Commission de l'UA, je me suis rendu à Sotchi pour rencontrer le président Poutine. Je voulais trouver avec lui les moyens de sortir de cette crise. Avec conviction, vigueur et clarté, je lui ai expliqué que l'Afrique subissait lourdement les conséquences d'un conflit auquel elle était étrangère et dont elle était très éloignée. En restant le plus neutre possible et en prônant un dialogue équilibré, j'ai plaidé la levée des restrictions sur les exportations de céréales et de fertilisants. Le président russe n'a pas été insensible à mes arguments puisque, peu après, les exportations reprenaient dans un cadre sécurisé sous le parrainage de l'ONU et de la Turquie. Dans le même état d'esprit, celui d'une tradition diplomatique sénégalaise axée sur la médiation et l'équilibre, j'ai facilité l'intervention du président Volodymyr Zelensky devant l'UA, en ce même mois de juin. À cette occasion, mes échanges avec Ursula von der Leyen ont témoigné de la volonté de l'UA d'être un acteur diplomatique actif et utile pour la préservation ou le rétablissement de la paix. Parler à tout le monde et rester à l'écoute de toutes les parties est ce que j'appelle pratiquer une diplomatie assumée à 360 degrés. Dans mon esprit, celle-ci devait également se mettre au service de ce qui fait la spécificité du continent, le panafricanisme.

CHAPITRE 9

Panafrica

Le sentiment d'appartenir à un continent à part, l'Afrique, m'a habité très tôt, depuis que je me suis éveillé à la politique et que j'ai pris conscience de la singularité de ce qu'on pourrait appeler l'africanité. Autrement dit le sentiment qu'il y a une unité profonde, souterraine entre les centaines de peuples et d'ethnies, les dizaines de nations qui composent la mosaïque du continent africain. Qu'il y avait des affinités, des ressentis communs entre ceux qui sont nés sur la même terre et qui ont tous connu le joug plus ou moins brutal de la colonisation.

Quand on parle de l'Africain, on l'identifie souvent à la couleur de sa peau et à son origine ethnique. C'est évidemment réducteur. On oublie qu'il y a plusieurs types d'Africains comme il y a plusieurs types d'Européens : pour schématiser, on voit bien que les Scandinaves, par exemple, ne ressemblent ni aux Portugais ni aux Siciliens. Cela ne les empêche pas d'être des Européens. Nous sommes africains parce que nous appartenons au même continent. Que nous soyons noirs, arabes, berbères et même blancs, nous avons tous cette conscience aiguë d'être nés et de vivre sur une seule et même partie de la planète. C'est notre dénominateur commun malgré toutes nos différences, parfois même au sein de chaque pays. Au Sénégal, par exemple, du Fouta semi-désertique à la Casamance luxuriante, ce sont des paysages complètement différents, des ethnies, des cultures et des coutumes distinctes qui forment un véritable kaléidoscope géopolitique et culturel.

Illustration de cette diversité, la variété infinie de langues et de dialectes parlés sur le continent. Contrairement à ce que l'on pourrait croire, c'est un atout plus qu'un handicap. Pour en donner un aperçu, quand j'étais en réunion de travail avec les responsables politiques gambiens, la Gambie étant située à l'intérieur du Sénégal et presque fondue en lui, nous ne nous parlions ni en français ni en anglais mais en langue wolof ou pulaar, puisque nous appartenions au même peuple. Ce langage commun nous a évité beaucoup de malentendus et a facilité naturellement nos échanges.

L'africanité est, je crois pouvoir le dire, profondément ressentie et partagée. Quand je rencontre le président Ramaphosa de la République d'Afrique du Sud, ou le président Paul Kagamé du Rwanda ou encore le président Tshisekedi de la République démocratique du Congo (RDC), nous sommes conscients que quelque chose nous lie bien au-delà de nos différences ethniques ou autres. Un ADN africain qui nous dépasse et transcende les cultures, les ethnies et les aires linguistiques francophones, anglophones, lusophones, arabophones ou hispanophones. Nous partageons un sentiment d'appartenance à un même continent mais surtout à une même histoire, celle de la colonisation européenne en Afrique avec ses excès comme avec ses réussites. Une sensibilité qui dépasse les frontières artificiellement tracées lors de la conférence de Berlin en 1885 qui n'a pas tenu compte des aires ethniques et linguistiques existant avant la colonisation. Les partages territoriaux qu'elle a imposés n'ont pas réussi à séparer les peuples mais ont créé des pays, qui sont devenus des nations. Les peuples, eux, sont restés unis, même quand ils vivent de part et d'autre des frontières.

Nous sommes liés également par une terrible histoire, celle de la traite des Noirs et de l'esclavage qui n'a été rien d'autre qu'une déportation arrachant le père à sa famille, la mère à ses enfants. Particulièrement en Afrique de l'Ouest. On ne dira jamais assez le traumatisme épouvantable de ceux qui virent les leurs emportés dans le tourbillon d'une violence indicible. Ce génocide a laissé des villages brusquement dépeuplés, des familles brutalement amputées d'une partie d'elles-mêmes, des enfants devenus orphelins subitement sans comprendre pourquoi. On ne dira jamais assez combien ces drames à l'échelle de l'Afrique ont nourri depuis des siècles les récits des griots maliens, ivoiriens, guinéens ou sénégalais, ni combien ils ont forgé un sentiment de fragilité, de résignation et de soumission puis de révolte. Il a fallu des dizaines d'années pour nous en défaire. Ce traumatisme épouvantable explique pourquoi les Africains ont des revendications à faire valoir.

Avant de devenir un des champs clos de leurs rivalités, les nations européennes ont colonisé siècle après siècle l'ensemble du continent, y compris les régions les plus inaccessibles. Et quand certains parlent de « mission civilisatrice », nous ne l'acceptons pas. Cela tiendrait à faire admettre que le continent était non civilisé, vierge de toute organisation humaine, sociale, religieuse ou économique. On sait aujourd'hui qu'il n'en était rien. Et que cette prétendue mission était le terme qui habillait le mieux la mise en coupe réglée du continent et la mainmise des puissances européennes sur lui. C'est tout ce processus qui fait que l'Afrique a été résiliente : malgré tous ces fléaux, elle est restée debout.

Les dimensions gigantesques du continent restent un handicap pour faire de lui un espace unifié : il occupe plus de 30 millions de kilomètres carrés de terres émergées. Autre difficulté, les différences culturelles, ethniques et la diversité des régimes politiques et linguistiques issus de la colonisation : avec des pays francophones, anglophones, arabophones et lusophones, l'Afrique est le continent du multilinguisme. Tout l'inverse des États-Unis qui, à la suite de la guerre de Sécession, ont achevé leur processus d'unification et ont pu organiser leur fédération. Nous n'avons pas connu le même processus et ce n'est qu'à partir des indépendances, dans les années 1960, que nous avons pu entamer le processus d'unification de l'Afrique afin de ne parler que d'une seule voix à travers l'Organisation de l'unité africaine (OUA), devenue Union africaine.

L'africanité pouvait-elle pour autant déboucher sur une unité politique, semblable à celle dont je rêvais dans ma jeunesse estudiantine ? Ce n'était pas évident à ce stade. En revanche, elle s'incarnait dans le panafricanisme, qui s'est traduit par la création de l'Union africaine. Le panafricanisme est une dynamique qui met en synergie nos efforts et nos volontés politiques pour les rendre irréversibles et en faire des leviers de transformation. Il constitue l'un des facteurs de notre développement car, en réalisant les rêves de ses pères fondateurs, il permettra de dépasser les frontières tracées par la conférence de Berlin de 1885.

Il faut rappeler que celle-ci a réuni les grandes puissances qui, à la fin du XIXe siècle, se partageaient le monde et surtout notre continent – le Royaume-Uni, la France, l'Empire allemand, la Belgique, le Portugal, l'Espagne entre autres –, et qu'elle a été une catastrophe pour l'Afrique. Sous la présidence du chancelier allemand Otto von Bismarck qui entendait faire accepter ses conquêtes à la Grande-Bretagne et à la France, ce ne fut rien d'autre qu'un banquet où les puissances européennes se sont partagé le gâteau africain sans tenir compte des réalités ethniques, historiques, culturelles, et même économiques. Un partage découpé à partir des territoires conquis qui a divisé l'Afrique comme un miroir craquelé. Plus tard, après la fin de la Première Guerre mondiale en 1918, Anglais, Français et Belges se sont partagé les colonies allemandes – Togo, Cameroun, Namibie, Rwanda, Burundi, Tanzanie. Quand nous sommes devenus indépendants, nous avons hérité de ces frontières et n'avons rien pu faire pour les modifier.

L'argument était que si on en redessinait les tracés, le risque était grand de voir des conflits éclater entre des pays nouvellement indépendants et cherchant à s'affirmer aux dépens de leur voisin. L'idée d'éviter les guerres sur le continent était pétrie de bonnes intentions mais elle a figé des limites territoriales souvent étroites et artificielles qui ne correspondaient pas toujours aux réalités des peuples. Personne aujourd'hui ne souhaite cependant les remettre en cause. Nous vivons avec et il faut reconnaître qu'elles ont fini par apporter une certaine stabilité. C'est la raison pour laquelle, sans les dénoncer sur le plan international – ce qui serait par ailleurs un processus d'une énorme complexité juridique –, nous souhaitons les dépasser par une intégration progressive, région par région, seule voie permettant d'aboutir à une unité véritable.

À terme, l'objectif serait de constituer les États-Unis d'Afrique. Un processus de fédéralisation qui exigera du temps, de la patience et beaucoup de détermination politique de la part des dirigeants. Seul le fédéralisme africain pourra effacer les frontières, ou plutôt l'esprit des frontières, ce découpage artificiel qui se niche dans l'esprit de certains leaders politiques mais beaucoup moins dans celui des peuples. Il faut conserver à l'esprit que, dans une fédération, les États fédérés restent délimités par leurs propres frontières. On pourra dès lors imaginer de mettre en place, au niveau fédéral, une entité supranationale qui prendra en charge les grands domaines « régaliens » comme la Défense ou la politique étrangère, mais aussi la dette, la désertification, la Santé publique, l'Éducation ou la lutte contre le terrorisme, sujets transnationaux dépassant les frontières de chaque État.

Ce processus est en marche. Il est irréversible et la plupart des chefs d'État du continent le soutiennent. C'est une perspective lointaine qui nous oblige à réfléchir sur le temps long, en gardant à l'esprit que de nombreux événements futurs dont nous ignorons la nature et la portée auront inévitablement une influence sur elle.

Les guerres, le terrorisme, la pandémie du covid-19 ont déjà momentanément freiné le projet fédéraliste mais nous avons su conserver le cap et reprendre la route. Il a fallu près d'un siècle, quatre-vingts ans pour être précis, pour passer de la conférence de Berlin aux indépendances. Qu'il en faille autant pour atteindre les États-Unis d'Afrique ne nous effraie pas. Nous avons une notion du temps plus conforme à notre génie : nous savons que les choses prennent du temps à se réaliser, que des décennies sont nécessaires pour qu'elles naissent, se développent et atteignent leur maturité. Que l'on fasse tout, parfois, pour accélérer un tel mouvement ne nous empêche pas de savoir que, sur le fond, le temps des choses échappe à la volonté des hommes.

Le fédéralisme africain ne se décrétera évidemment pas d'un trait de plume. Je l'ai dit, il prendra forme au terme d'un long et difficile processus qui ne se contentera pas de signatures au bas d'un traité négocié pendant des années. Il sera le résultat d'étapes successives, menées pas après pas. Une construction établie sur de solides fondations et qui se fera brique après brique comme celle d'un mur que l'on veut solide et durable. Ces briques existent déjà, elles érigent déjà des pans entiers du fédéralisme futur. Ce sont les organisations régionales, ces ensembles de grandes régions et sous-régions constituées pour favoriser le développement des grandes zones économiques continentales : le Marché commun de l'Afrique orientale et australe (Comesa), la Communauté de l'Afrique de l'Est (CAE), la Communauté économique des États de l'Afrique centrale (Ceeac) et la Cedeao, et surtout la zone de libre-échange continentale (ZLECAf).

Elles préfigurent ce que sera la fédération en termes de libre circulation des biens, des personnes et des services sur tout le continent. Depuis quarante ans, il n'est plus nécessaire, par exemple, d'avoir un visa pour aller d'un pays à l'autre de la Cedeao ou dans les autres communautés économiques régionales : tout citoyen sénégalais ou ivoirien peut se déplacer librement à l'intérieur de la Communauté. Mieux encore, la simple carte d'identité de la Cedeao suffit pour passer les frontières. Un progrès indéniable qui profite d'abord aux populations et à l'économie, et qui constitue une sorte d'espace Schengen ouest-africain avant la lettre si l'on veut faire la comparaison avec l'Union européenne. L'Union économique et monétaire ouest-africaine (Uemoa), qui a été créée à Dakar le 10 janvier 1994 et qui regroupe le Sénégal, la Côte d'Ivoire, le Burkina Faso, le Niger, le Togo, le Mali, le Bénin et la Guinée Bissau, préfigure, elle aussi, le fédéralisme économique et financier.

Le franc CFA, qui lui sert de monnaie commune, est en partie l'héritage de la colonisation. Bien que certains critiquent le carcan monétariste anciennement imposé par la régulation bancaire française, il a malgré ses défauts le grand mérite d'exister. Il sert de monnaie à douze pays de l'Uemoa et de la Cemac.

J'ajoute que la parité fixe avec l'euro présente plusieurs avantages. Il ne fait pas de doute que la monnaie européenne est trop lourde par rapport à nos exportations et que c'est un handicap, mais le fait est que nous sommes moins touchés par l'inflation qui sévit dans d'autres pays avec des taux allant parfois jusqu'à 30 %, voire davantage. Aujourd'hui, tous les membres de l'Uemoa sont d'accord pour poursuivre la réflexion sur le franc CFA et le projet de monnaie unique régionale, l'Eco. Sa mise en place fait l'objet de discussions à la fois politiques et techniques qui concernent, entre autres, le problème de la parité et les critères de convergence des différentes économies concernées. La naissance de l'Eco concrétisera un grand progrès vers l'intégration régionale. Les gouvernements et les peuples auront alors le sentiment qu'ils ont en main une monnaie cent pour cent africaine.

Il faut noter que, si le franc CFA a été beaucoup critiqué, aucun pays ne l'a formellement quitté. Malgré certaines réticences qui tiennent davantage du ressentiment que de la réalité, il est admis que le franc CFA n'est plus du tout une monnaie sous tutelle étrangère. Les relations que nous avons avec la France sont d'abord et avant tout commerciales.

Elles sont évidemment très fortes, compte tenu de notre histoire commune, et le fait d'être lié à l'euro reste à ce jour un avantage : ce mécanisme est une garantie pour la stabilité monétaire. J'ajoute que notre politique monétaire est définie par le seul Comité des politiques monétaires de la Banque centrale des États de l'Afrique de l'Ouest (BCEAO). Celle-ci appartient à un système monétaire intégré et sous surveillance multilatérale. La BCEAO est en rapport constant avec les autres banques centrales africaines, quasiment une par pays. Elle travaille aussi évidemment avec le FMI. Notre politique monétaire est ainsi définie par nos États respectifs et à travers la commission bancaire de l'Uemoa.

D'accord pour changer le nom du franc CFA, à condition d'en conserver les mécanismes et la totale autonomie, j'ai en revanche toujours plaidé auprès de mes collègues pour un niveau de parité avec l'euro plus pratique. Aujourd'hui, 1 euro équivaut à 656 francs CFA. Cela n'a pas de réalité économique et complique les choses au quotidien pour pas grand-chose. Si la parité était fixée à 65,6, cela ne changerait rien, mais la perception que les gens en auraient serait différente. Je n'ai pas été suivi sur ce point sous prétexte que les gens, justement, ont besoin d'avoir de la petite monnaie. Je reste cependant convaincu qu'enlever une décimale nous simplifierait les choses sans altérer la parité du franc CFA avec l'euro. Seule la valeur faciale changerait et elle serait plus parlante : par exemple, au lieu de milliards, on compterait en millions, ce qui serait beaucoup plus pertinent. C'est une modification que nous pourrions décider avant le prochain cycle de changement de billets puisque ceux-ci doivent être renouvelés tous les vingt ans, durée de vie moyenne de la monnaie une fois émise.

Il arrive que des accidents de l'Histoire déstabilisent les ensembles régionaux comme le montre la crise qui a affecté la Cedeao quand le Mali, le Burkina Faso et le Niger ont décidé de la quitter le 13 décembre 2024 et de nouer un partenariat sous le nom d'Alliance des États du Sahel (AES). Un geste politique qui s'inscrit sans doute dans la logique des prises de pouvoir par des juntes militaires. Comme je l'ai affirmé haut et fort à la tribune de l'ONU à l'occasion de mon discours du

21 septembre 2023, la résurgence des coups d'État reste un grave sujet de préoccupation et le Sénégal que je représentais alors réitérait sa ferme condamnation de toute forme de changement anticonstitutionnel de gouvernement.

Ce retrait porte un coup à l'unité de la Cedeao et va provoquer une crise économique dans la région dont seront victimes, une fois de plus, les populations. Il pose un problème d'envergure puisque le Mali, le Burkina Faso et le Niger représentent plus de la moitié de la superficie de la Cedeao et un quart de sa population. Alors que, depuis cinquante ans, une politique d'intégration autorise la libre circulation des personnes et des biens, leur départ la remet en cause. Seule une sortie négociée de la Cedeao préservera les acquis dont bénéficient les populations de part et d'autre. Il serait injuste qu'elles subissent le contrecoup de cette rupture.

La décision des trois pays de l'AES résulte des crises qu'ils ont traversées et qui sont liées à leur lutte contre le terrorisme, à leurs problèmes économiques et à leur choix de nouveaux partenaires. On ne peut que déplorer qu'ils en soient arrivés à rompre avec la Cedeao mais ils pouvaient difficilement faire autrement. En effet, un des fondements de la Charte de la Cedeao est la démocratie. Et lorsqu'il y a une interruption anticonstitutionnelle du pouvoir dans un État membre, la Charte est très claire : l'État en question tombe sous les sanctions prévues par les textes.

C'est pour devancer leur application que le Mali, le Niger et le Burkina Faso l'ont quittée. On ne pouvait donc plus leur imposer un calendrier de transition, ni exiger quoi que ce soit. Pour autant, j'estime que seul le dialogue entre la Cedeao et l'AES, avec le soutien de l'UA, permettra de faire évoluer favorablement la situation. Alors que nous travaillons, en effet, depuis des années pour que l'Eco devienne la monnaie unique de l'espace Cedeao, la transition monétaire, particulièrement complexe, qui est en cours est évidemment impactée. On ne peut donc que souhaiter son avènement rapide.

CHAPITRE 10

L'Afrique des solutions

Le panafricanisme est déjà une réalité. Il est incarné par l'Union africaine. Depuis 1963, date de création de l'Organisation de l'unité africaine, devenue l'UA en 2002, elle regroupe tous les pays du continent et trace la voie de ce fédéralisme que j'appelle de tous mes vœux.

Son ancien nom d'OUA illustrait déjà l'esprit de ses fondateurs dont l'Empereur d'Éthiopie Haïlé Sélassié, le roi du Maroc Hassan II, les présidents du Sénégal Léopold Sédar Senghor, du Mali Modibo Keïta, du Togo Sylvanus Olympio et du Ghana Kwameh Nkrumah. Créée le 26 mai 1963 par trente-deux États, l'OUA instaurait un espace de coopération et reconnaissait que les Africains de quelque nation qu'ils soient, sous quelque régime que ce soit, et quelle que soit leur langue officielle appartenaient tous à un espace commun. Dans l'esprit des fondateurs, celui-ci devait devenir une communauté de destin. Un vrai pari, en dépit des grands différends politiques, ethniques, économiques de l'époque. Au fil des ans et de l'évolution politique du continent, cette communauté de destin appela à un niveau de coopération plus élevé et plus inclusif auquel étaient susceptibles d'adhérer les pays qui ne l'avaient pas encore fait. Autrement dit aboutissant à une union plus étroite de tous les États membres. Ce fut l'Union africaine, née en 2002 à Syrte en Libye avec l'activisme dévoué du colonel Kadhafi, alors guide libyen, et qui réunit aujourd'hui cinquante-quatre pays.

L'UA joue aujourd'hui un rôle majeur sur le continent et préfigure, à travers ses programmes à long terme, ce qui conduira le continent au fédéralisme. Cette forme ultime de l'Union est absolument nécessaire pour en finir avec les maux les plus graves qui nous affectent. Le terrorisme en premier lieu qui progresse dans plusieurs pays et qui, au-delà de l'Afrique, reste une menace permanente pour la paix et la sécurité internationales. Pour en finir ensuite avec certains conflits anciens qui perdurent depuis trop longtemps. Comme je l'ai rappelé dans le discours que j'ai prononcé à l'occasion de la 36ᵉ Session ordinaire de l'UA au terme de laquelle je quittais sa présidence, le 20 février 2023, la pacification du continent reste un objectif prioritaire. J'y appelais entre autres à créer une Unité de lutte contre le terrorisme, à rendre opérationnelle la Force africaine de réaction rapide et à renflouer le Fonds africain de la paix.

Depuis 1963, plusieurs avancées majeures de l'UA sont allées dans le sens du fédéralisme : un marché commun – la ZLECAf –, les politiques communes africaines, la libéralisation du ciel du continent – l'Open Sky africain sans barrières nationales –, puis l'Africa Centers for Diseases (CDC) pour lutter contre les maladies et renforcer la santé publique, et autres constructions conçues et assurées par l'UA. La ZLECAf a été créée en janvier 2018 et il n'a fallu que trois ans de négociations entre les États membres pour qu'elle soit effectivement mise en place le 1ᵉʳ janvier 2021. C'est un progrès essentiel pour l'intégration commerciale et économique du continent et ses bénéfices sont d'ores et déjà considérables.

Sa feuille de route prévoit, notamment, la suppression des droits de douane sur cinq ans pour les pays les plus développés et sur dix ans pour les autres. Testée par huit États à partir des procédures commerciales de la zone, elle porte sur plusieurs dizaines de produits industriels et alimentaires allant du thé et du café au sucre, aux pâtes alimentaires, aux fruits secs et à l'amidon de maïs. L'objectif est d'offrir de meilleures conditions commerciales aux PME mais aussi de faciliter la création de petits commerces par les femmes et les jeunes, l'idée étant de développer des chaînes de valeur pour augmenter les revenus par habitant et les recettes fiscales. Selon le Fonds monétaire international, la ZLECAf augmentera les échanges commerciaux de 50 % sur le continent et avec le reste du monde, à l'exportation comme à l'importation. Au final, la hausse des échanges devrait se traduire par une augmentation de 10 % du PIB africain par habitant.

Autre innovation qui contribuera au succès de la ZLECAf, le Marché unique de transport aérien en Afrique qui libéralise la circulation aérienne sur le continent. Celle-ci ne représente que 3 % du trafic mondial. Signée par 34 pays représentant la moitié de la population africaine, notre Open Sky prévoit de déréguler les services aériens, gérés jusqu'alors par des accords bilatéraux, et de créer un marché unique pour libérer le ciel africain. Un système vertueux de baisse des taxes entraînera une baisse des tarifs et une croissance du trafic, notamment touristique.

L'UA a par ailleurs instauré un ensemble de politiques communes à l'échelle continentale qui visent à accélérer le fédéralisme. Elles concerneraient en particulier l'exploitation et la protection de nos richesses naturelles. Des législations communes sur les ressources énergétiques et un nouveau code minier encadrent ainsi plus solidement l'extraction et l'exploitation du pétrole, du gaz et des minerais. Les deux sont renforcés par la mise en place d'un code des investissements qui a pour but de promouvoir, faciliter et protéger les investissements favorisant le développement durable de chacun des États de l'Union.

Autre avancée majeure, celle qui concerne directement la paix sur le continent, à travers l'Architecture africaine de paix et de sécurité (APSA). Celle-ci structure plusieurs dispositifs destinés à prévenir ou à gérer les conflits sur le continent et à consolider la paix. Son instrument opérationnel est la Force de réaction rapide africaine dont la mission est d'être déployée très rapidement sur le terrain pour répondre aux situations d'urgence.

Ma présidence de l'UA a été l'occasion de plaider pour un autre sujet vital pour l'avenir : notre souveraineté alimentaire. En janvier 2023, j'avais organisé la 2e conférence de Dakar sur l'agriculture et la sécurité alimentaire dont la Déclaration finale avait mis l'accent sur la nécessité pour l'Afrique de se donner les moyens de se nourrir elle-même et de contribuer à nourrir le monde. Avec l'aide de la Banque africaine de développement (BAD) et de son dynamique président, Akinwumi Adesina, nous avons mobilisé 36 milliards de dollars pour stimuler la production alimentaire, l'agro-industrie et le commerce agricole. L'objectif à court terme étant d'assurer un approvisionnement complet en céréales et en fertilisants pour nos populations et nos agriculteurs.

L'Afrique ne doit plus faire figure d'assistée comme ce fut le cas trop longtemps. Aujourd'hui, elle se donne les moyens de savoir et de dire ce qu'elle veut et ce qu'elle vaut. Comme je l'ai rappelé dans mon discours, c'est une Afrique respectée pour ce qu'elle est qui doit être pleinement intégrée dans la gouvernance mondiale et le commerce international. J'ai porté cette cause dans tous les sommets internationaux auxquels j'ai participé, au 6e sommet Europe-Afrique de Bruxelles, au Conseil de l'OCDE, au sommet du G7 au Schloss Elmau en Allemagne, à la Tokyo International Conference on African Development (Ticad), à l'Assemblée générale des Nations unies, aux COP27 et 28 de Sharm el Sheikh et de Dubaï, aux sommets du G20 à Bali et au sommet États-Unis-Afrique de Washington. À chacune de ces occasions, j'ai rappelé que, pour travailler ensemble, il fallait penser le monde autrement et que l'interaction entre partenaires devait se faire sur des valeurs communes et partagées et surtout sur le respect des différences.

De son côté, il faut que l'Afrique parle d'une seule et même voix pour peser dans les affaires du monde. Telle a été mon ambition principale durant ma présidence et j'ai réussi à la concrétiser puisque l'Afrique a été admise au G20 comme membre de plein droit. Les négociations ont été rudes, un vrai combat où j'ai dû faire valoir mes arguments avec la plus grande conviction pour emporter la décision. J'ai été soutenu par quelques grands pays amis et, au final, ce fut une consécration diplomatique pour l'Afrique et pour le Sénégal.

Nos arguments avaient porté. J'ai posé une question aux membres du G20 : pourquoi refusaient-ils d'intégrer l'Afrique malgré ses 1,5 milliard d'habitants et son PIB total, qui était le sixième ou le septième mondial ? Il n'y avait aucune raison pour que l'UE soit membre de droit et que l'UA ne le soit pas. Elle était uniquement conviée à participer aux travaux du

G20 quand des sujets concernant le continent étaient mis sur la table par le pays organisateur. De fait, nous subissions une position injuste et discriminatoire, voire humiliante.

Le processus de notre admission à la table du G20 a pris un an, ce qui est plutôt rare, entre le moment où j'ai proposé l'adhésion de l'UA lors de la réunion du G7 en Allemagne et celui où le G20 de 2022 en Indonésie l'a acceptée. La décision n'ayant pu être entérinée lors de ce sommet, elle l'a été au G20 suivant, à New Delhi, et c'est le président Azali Assoumani des Comores qui a eu à valider cette adhésion avec le Premier ministre Narendra Modi. Les membres du G20 ont incontestablement fait preuve de responsabilité en soutenant ma demande et en réparant ce que je considérais comme une injustice. L'intérêt qu'ils ont manifesté alors pour l'Afrique montre que des progrès sont possibles si les chefs d'État et de gouvernement acceptent de changer les mentalités et de faire évoluer les choses. Et si le plaidoyer en faveur du continent est exprimé avec suffisamment d'arguments, de conviction et de force.

Pendant trop longtemps, l'Afrique a été, aux yeux des autres, le continent des problèmes. Cette époque est révolue. Les problèmes subsistent mais, pour les résoudre, nous avons désormais nos propres solutions. C'est ce que j'appelle l'Afrique des solutions. Je continuerai à faire entendre cette voix aussi longtemps que nécessaire pour que cette Afrique-là soit définitivement prise en considération. Une Afrique qui réfléchit par et pour elle-même. Une Afrique unie, debout, une Afrique au travail et en paix, capable de regarder son avenir en toute confiance. Les pesanteurs de tous ordres étant ce qu'elles sont, le combat pour qu'elle ne soit plus à la traîne du monde mais qu'elle en devienne un pivot majeur sera long et plein d'obstacles. Il en faudra plus pour nous décourager.

L'Afrique n'est à l'abri d'aucune des menaces qui mettent en danger la paix dans le monde. Terrorisme, dérèglement climatique, rivalités entre puissances y compris régionales, explosion démographique, phénomènes migratoires : elle n'échappe à aucun des bouleversements stratégiques qui modifient en profondeur les relations entre ces grands ensembles qui redessinent la planète. Parfaitement consciente de ces dangers, l'UA s'y prépare depuis longtemps. Sa position géographique, son poids démographique, ses ressources humaines et naturelles, mais surtout son esprit pacifique, sa volonté de n'être en conflit avec personne, sa capacité à mener des missions de bons offices comme en témoigne sa participation régulière aux forces de maintien de la paix de l'ONU, sans oublier les multiples partenariats qu'elle a noués avec l'ensemble des pays de la planète font d'elle un facteur incontournable de la paix mondiale. Avec ses multiples ressources agricoles – cacao, café, thé, céréales –, forestières, énergétiques avec son pétrole et son gaz, minières avec ses matériaux critiques et ses terres rares, l'Afrique ne vient pas au banquet de l'universel les mains vides.

CHAPITRE 11

L'Afrique en marche

Tout comme le monde entier, l'Afrique a douloureusement vécu la pandémie du covid-19. Ses conséquences ont mis au jour nos vulnérabilités en matière de santé publique, ici comme ailleurs. De nombreuses études prospectives l'affirment : les épidémies seront de plus en plus fréquentes. L'Afrique doit donc s'y préparer et former davantage de personnels spécialisés dans les maladies infectieuses, non seulement des médecins, mais aussi des biologistes et des experts en virologie, bref, des bioscientifiques. Anticiper est le maître mot si l'on veut gérer les crises provoquées par les épidémies de demain. Il faut surtout que l'Afrique produise plus de vaccins. Pendant la pandémie, elle n'a fabriqué que 1 % des vaccins consommés sur le continent.

Le covid-19 nous a permis, à cet égard, de montrer de quoi était capable le panafricanisme en marche et ce que les Africains réussissent à faire quand ils mettent en commun leurs ressources humaines et financières. Les dirigeants avaient compris qu'il fallait combattre le covid-19 à l'échelle du continent mais tous constataient que le coût des vaccins était trop élevé pour chacun de leurs pays. Nous avons donc décidé de mutualiser nos commandes en vue d'obtenir les meilleurs prix possibles. Dans le cadre de l'UA et du Nepad, l'Afreximbank, qui finance l'import-export du continent, a, sur notre demande, mis en place une plate-forme unique d'achat centralisant toutes les demandes avec le soutien de plusieurs pays européens et de la Banque mondiale. Ce qui nous a permis d'obtenir la quantité de vaccins dont chacun avait besoin et au meilleur tarif. Cette expérience montre bien que les problèmes de santé publique doivent être considérés et traités à l'échelle du continent et non plus à celle de chaque pays séparément.

Dans la même perspective, j'ai lancé au Sénégal une unité de production de vaccins contre le covid-19 et d'autres maladies avec l'Institut Pasteur de Dakar (IPD). Ce fut, d'une part, le projet Madiba, Manufacture de vaccins pour l'Afrique, qui pourra produire trois cents millions de doses ; d'autre part, celui d'Africa Amaril pour le vaccin contre la fièvre jaune, produit déjà par l'IPD depuis plusieurs décennies. L'IPD est un centre de référence pour les vaccins contre la fièvre jaune depuis 1924 et il est réputé pour ses recherches sur les maladies tropicales et infectieuses. Après avoir obtenu l'agrément de l'Organisation mondiale de la santé (OMS), des pôles de production régionaux ont été créés au Sénégal, au Nigeria, au Ghana pour l'Afrique de l'Ouest, en Afrique du Sud pour l'Afrique australe, au Kenya et au Rwanda pour l'Afrique de l'Est, et en Égypte, en Algérie et au Maroc pour le Maghreb.

Autre exemple marquant : ce qu'il s'est passé lors de la guerre en Ukraine. Comme je l'ai évoqué plus haut, alors que le blé ukrainien n'était plus exporté à cause du blocus d'Odessa par les Russes, j'ai décidé de me rendre à Sotchi, le 3 juin 2022, trois mois après le début de la guerre, en qualité de président de l'Union africaine et accompagné par le président de la Commission de l'UA, Moussa Faki Mahamat. Je voulais demander au président Vladimir Poutine de faciliter l'exportation de blé à partir d'Odessa en mettant un terme au blocus. Je lui ai expliqué que nous étions les victimes collatérales d'un conflit dont nous étions géographiquement très éloignés et que le blé étant l'aliment de base de centaines de millions d'Africains, il ne devait pas prendre la responsabilité de les en priver. En contrepartie, je lui ai rappelé que nous souhaitions continuer d'acheter le blé et surtout les fertilisants russes dont nos agriculteurs avaient besoin. Dans le même temps, j'ai demandé aux Américains et aux Européens, toujours au nom du continent, que les restrictions sur le système Swift ne puissent s'appliquer aux paiements des céréales et des engrais importés de Russie.

Dans le domaine encore plus sensible de la lutte contre le terrorisme, le panafricanisme agit sur le terrain à travers la mission de maintien de la paix en Somalie (Amisom) que l'UA a déployée en Somalie contre le terrorisme des Shebabs. Décidée par le conseil de paix et de sécurité de l'UA le 1er janvier 2007, la mission de maintien de la paix en Somalie a réussi à s'interposer pour contenir la guerre civile et protéger les populations. Transformée en mission de soutien et de stabilisation en 2016, elle compte vingt-deux mille hommes qui appartiennent aux forces armées ougandaises, burundaises, éthiopiennes et kényanes.

Après avoir défini une architecture de paix visant à faire de l'Afrique un continent sans armes, l'UA a, depuis, créé un fonds spécifique de 400 millions de dollars pour le maintien de la paix, alimenté par les pays membres. C'est très insuffisant, mais il faut bien comprendre que chaque nation consacre en priorité ses ressources à l'éducation, à la santé publique et à ses forces intérieures. Il est évident que l'UA manque de moyens pour ce type de missions. L'insuffisance de ses ressources reste un problème récurrent et un handicap majeur. Si elle avait, par exemple, les mêmes moyens que ceux consacrés par les coalitions occidentales à la lutte contre Ben Laden ou l'État islamique, l'UA pourrait parfaitement mener les missions de paix appelées à être déployées ici ou là. La réalité commande de dire que, insuffisamment équipées, la plupart des armées du continent ne sont pas en mesure de mettre à sa disposition les éléments nécessaires. On ne peut que le déplorer car combattre les différentes formes de terrorisme qui frappent le Sahel ou le Nigeria serait plus légitime et peut-être plus efficace.

Dans ce domaine, un effort considérable a été fait durant mes deux mandats pour mieux équiper l'ensemble des forces de défense et de sécurité du Sénégal. Je voulais que nous puissions apporter la réponse la plus efficace au terrorisme et préserver notre intégrité territoriale en tout temps et en tout lieu. Les forces ont été dotées et entraînées pour faire face à des frappes si elles risquaient de se produire et pour neutraliser leurs auteurs. Les moyens d'intervention de l'armée, de la gendarmerie et de la police ont été sensiblement renforcés et les services de renseignements intérieur et extérieur ont été dotés d'outils leur permettant de surveiller plus efficacement le territoire et de détecter toute intrusion ou toute menace de pénétration pour la neutraliser. Des capacités qui sont à même de mettre le Sénégal à l'abri des menaces extérieures.

Ces efforts devront se poursuivre car le terrorisme se métamorphose continuellement et reste une menace pour toute la région. À cet égard, la situation dans notre voisinage immédiat demeure préoccupante dans la mesure où, quand une forme d'instabilité s'installe quelque part, les risques de contagion régionale augmentent.

Pour autant, il faut admettre que certaines expressions de radicalité ne se font pas toujours au nom de la religion mais plus simplement pour revendiquer la liberté de conserver un certain mode de vie. Aucune société ne doit prétendre, en effet, à une hégémonie civilisationnelle qu'elle imposerait aux autres. Ce qu'on appelle les valeurs universelles doit être partagé et ce n'est pas le cas aujourd'hui. Elles n'ont donc aucun caractère universel dans la pratique. Ces valeurs universelles, nous devons apprendre à les construire ensemble pour qu'elles soient acceptées par tous et ne heurtent aucune sensibilité. Là aussi, un juste équilibre est nécessaire. Si le multilatéralisme se fonde sur les intérêts médians de chacun, un équilibre est possible à condition d'être bâti sur le plus grand dénominateur commun.

À bien y réfléchir, ce ne sont pas les religions qui sont en cause. Elles existent depuis des millénaires, en particulier les religions révélées. Le problème réside dans ce que les hommes font d'elles. L'islam, par exemple, est une religion de paix et de juste milieu. Le prophète Mohamed, paix sur lui, a été un exemple de modération et d'ouverture. Il a ouvert sa mosquée à des chrétiens. Quand des musulmans ont été traqués, il leur a dit d'aller se réfugier en Abyssinie, un royaume chrétien. Dans le traité de Médine, il a donné toute leur place aux autres religions. Il a été très tolérant en autorisant le mariage entre musulmans et chrétiens selon certains codes.

Le problème aujourd'hui, c'est la volonté de certains extrémistes de parler en son nom en occultant ou en dévoyant les principes de paix qu'il a édictés de son vivant. Ils rejettent violemment toute idée de laïcité. C'est une erreur dramatique.

Car la laïcité n'est pas faite pour interdire mais pour protéger. Au Sénégal, nous en avons une conception très limpide. L'État n'interfère pas dans le choix des imams puisque ce sont les communautés qui les nomment, et il se limite à accompagner les fidèles dans leur culte. J'ai ainsi fait construire des mosquées, des églises et des maisons d'hôtes à travers un programme de modernisation des villes religieuses. L'État ne prend pas parti pour telle ou telle religion, son rôle est de garantir la liberté et la pratique religieuses pour tous.

La paix sur le continent reste un objectif permanent. Sans paix, aucun développement n'est possible, personne ne l'ignore. En dépit de la guerre qui ravage le Soudan ou des combats récurrents dans le Nord-Kivu, à l'est de la RDC, le continent reste majoritairement pacifique. Il a eu la chance de ne pas connaître les guerres géantes qui ont dévasté l'Europe à deux reprises. Depuis des décennies, aucun conflit majeur n'est survenu entre États, uniquement des guerres civiles déclenchées pour mettre la main sur des ressources naturelles. Les conflits auxquels, d'ailleurs, on a assisté il y a trente ans entre certains pays relevaient davantage de la rivalité Est-Ouest que de problématiques purement africaines. Chacun garde le souvenir des offensives de la Libye contre le Tchad pour le contrôle de la bande d'Aozou, de la guerre entre l'Angola et l'Afrique du Sud, ou de la crise du Katanga, jadis. Sans parler du génocide rwandais qui reste à jamais gravé dans les mémoires.

Aujourd'hui, en dehors de la vive tension entre la RDC et le Rwanda, aucun État africain ne veut faire la guerre à son voisin. Les conflits existants sont plutôt dus aux menées des groupes radicaux cherchant à imposer leur idéologie ou à s'approprier des richesses naturelles. Aujourd'hui, le Mali, le Burkina Faso et le Niger sont en première ligne et se sacrifient pour ne pas être effacés de la carte. C'est un drame humain et politique pour lequel le monde entier devrait se mobiliser.

En la matière, j'essaie d'abord d'analyser la situation en Africain. Si je prends l'exemple de la République centrafricaine, je ne peux pas oublier qu'elle a été placée sous embargo sur les armes par la résolution 2127 du 5 décembre 2013 du Conseil de sécurité de l'ONU et qu'elle ne pouvait donc plus s'équiper comme elle le souhaitait. Le gouvernement centrafricain affrontait pourtant la rébellion des miliciens de la Seleka.

J'étais président à cette époque et j'ai vécu cette situation de près. Quand, en décembre 2017, des mesures dérogatoires ont permis de lever en partie l'embargo, la Russie a immédiatement fait des offres pour équiper l'armée centrafricaine. Le président Touadéra pouvait-il les refuser ? Non, évidemment, car ce qui lui importait était d'abord de défendre son pays. La question de la provenance des armes était secondaire. Un pays confronté au terrorisme ou au grand banditisme et qui n'est pas capable de se défendre seul a le droit d'avoir accès aux moyens de le faire. Et rien ne doit l'empêcher de choisir la meilleure proposition qui lui sera présentée.

Plus tard, en 2013, le Mali a été à son tour confronté aux attaques de groupes armés. Sa souveraineté était gravement menacée quand ils se sont dangereusement approchés de la capitale. À la demande du gouvernement malien, la France est alors intervenue dans le cadre de l'opération Serval grâce à la promptitude du président François Hollande, en même temps que la mission internationale de soutien au Mali (Misma) envoyée à leurs frais par les pays africains, solidaires du Mali, force que l'ONU a formalisée ensuite sous le nom de Minusma (mission multidimensionnelle intégrée des Nations unies pour la stabilisation au Mali). J'ai alors envoyé 1 100 hommes de nos forces armées de Dakar à Kidal par la route pour y participer. À cette occasion, la solidarité africaine a pleinement joué, puisque, à côté des soldats sénégalais, on pouvait compter sur des contingents venus de plusieurs pays africains : Tchad, Nigeria, Sénégal, Niger, Burkina Faso, Togo, Bénin, Guinée, Sierra Leone, Libéria, Ghana, Gambie, Cap-Vert et Guinée Bissau, avec un effectif de 6 000 hommes, sous le commandement du général nigérian Séhehu Abdul Kadir. Toute l'Afrique s'est ainsi levée pour défendre le Mali et le peuple malien. Un exemple parmi d'autres de nos capacités à nous mobiliser.

La conclusion que l'on peut tirer des évolutions géopolitiques dans l'Afrique subsaharienne est assez claire : tant que les approches intellectuelles et politiques n'auront pas évolué, la compréhension restera difficile entre la France, l'Europe et l'Afrique. Les malentendus grandiront entre les deux continents. Nous-mêmes, leaders africains, avons parfois des difficultés à comprendre notre société agitée par les grandes mutations en cours. Nos populations sont jeunes, 19 ans en moyenne, et nous avons parfois du mal à être en phase avec elles. Avec les réseaux sociaux, entre autres, les problèmes ne peuvent pas être réglés de la même façon qu'il y a cinquante ou soixante ans par les responsables politiques. Ça l'est encore plus pour nos partenaires non africains, qu'ils soient européens, américains, russes ou chinois. Ceux-là doivent faire l'effort de mieux nous comprendre, d'examiner quelles contributions ils peuvent apporter, et venir en partenaires, non en imposant leur façon de voir. Les Africains ne l'acceptent plus.

Ils veulent une Afrique unie, une Afrique debout, mais surtout une Afrique respectée. Rien d'autre.

CHAPITRE 12

Un continent phare

Même quand ils sont bien disposés à notre égard, nos partenaires ont parfois des difficultés à abandonner les clichés et stéréotypes dont leur imaginaire « africain » s'est nourri. Malgré quelques exceptions, pendant trop longtemps, de nombreux leaders politiques européens, américains et russes ont ainsi conçu une idée peu objective de l'Afrique, soit pour des raisons idéologiques, soit par intérêt, soit encore en raison de leur propre histoire coloniale ou tout simplement par inaptitude à saisir des données autres que les leurs. Leur regard sur nous doit impérativement changer. Certains hommes d'affaires ou responsables politiques occidentaux nourrissent encore une vision caricaturale, obsolète, négative de l'Afrique. Comme si elle était toujours le continent des guerres civiles, des interventions humanitaires, des famines.

Non, l'Afrique ne correspond plus à cette image biaisée, distordue qui lui a été léguée par la période postcoloniale. Elle ne peut plus se réduire à quelques pays faillis ou victimes de coups d'État. Cette perception héritée des années qui ont suivi les indépendances appartient au passé.

Les choses, depuis, se sont heureusement améliorées et tous les grands de ce monde regardent le continent africain avec empathie, en tout cas avec un autre œil. Parmi tous les chefs d'État ou de gouvernement avec lesquels j'ai eu l'occasion de travailler, une m'a particulièrement frappé pour l'intérêt réel qu'elle portait à l'Afrique et aux Africains. Un intérêt sincère qui n'était pas guidé par la seule perspective de contrats commerciaux. Il s'agit d'Angela Merkel, l'ancienne chancelière allemande.

Son humilité et la curiosité scientifique et culturelle qu'elle manifestait à notre égard m'ont beaucoup impressionné. Elle ne venait pas chez nous en donneuse de leçons mais pour apprendre. C'était une grande femme politique qui avait un profond respect pour son interlocuteur. Je sentais en elle une volonté de comprendre l'Afrique. À l'occasion du cinquième sommet entre l'UA et l'UE tenu les 29 et 30 novembre 2017 à Abidjan, accueilli par le président Alassane Ouattara, les questions qu'elle posait sur les coutumes et traditions en étaient la preuve, afin de comprendre, en bonne scientifique qu'elle est. Sa capacité à comprendre l'autre nous a été d'un grand soutien puisque c'est elle qui a lancé le Compact avec l'Afrique à l'occasion du G20 allemand, également en 2017.

Plus tard, à la demande du président Abdou Diouf, parrain du prix, je l'ai convaincue de venir recevoir le prix Houphouët-Boigny pour la recherche de la paix décerné par l'Unesco. Comme elle avait quitté la chancellerie, j'ai demandé à son successeur Olaf Scholz de lui transmettre notre proposition. Elle l'a acceptée et s'est montrée heureuse de venir jusqu'à Yamoussoukro, en Côte d'Ivoire, pour recevoir son prix.

J'ai rencontré la même considération pour notre continent chez le troisième président français que j'ai connu, Emmanuel

Macron, qui, énarque, appartient à la promotion Senghor. L'intérêt pour l'Afrique ne s'est jamais démenti chez la plupart des grands responsables politiques français. Les raisons en sont évidentes, qu'elles soient historiques, intellectuelles, stratégiques, commerciales, économiques ou, bien évidemment, culturelles. Une bonne moitié de l'Afrique a beaucoup en commun avec l'ancien colonisateur, à commencer par la langue.

Le temps a passé, nous avons tous évolué et les présidents français se sont montrés plus conscients des nouvelles réalités africaines, bien que certains aient parfois fait preuve d'une certaine réticence. Dans les moments difficiles, la France a souvent été à nos côtés, pour défendre nos démocraties encore fragiles ou pour nous soutenir dans les instances internationales. La France, à travers ses institutions mais aussi ses grandes entreprises et ses ONG comme Médecins sans frontières, est restée une alliée et un partenaire de premier plan. Personne ne peut oublier que les origines de cette ONG, la première du genre, sont liées à la guerre du Biafra, au début des années 1970.

Avec le président Macron, j'ai de bonnes relations, amicales et même fraternelles. Un jour, il m'a appelé « Grand frère », ce qui est très africain et prouve qu'il connaît parfaitement nos usages. Il a ainsi placé d'emblée nos rapports sur le mode affectif, ce qui nous a permis d'échanger en toute sincérité et en toute confiance. J'ai de la considération et de l'amitié pour lui. Ce qui ne m'a pas empêché de lui dire ce que je pensais de la politique de la France en Afrique. Je n'ai pas manqué non plus de me prononcer sur certaines de ses prises de position, notamment lors du sommet Afrique-France à Montpellier en 2021, quand il a mis en avant les sociétés civiles, ce que j'avais peu goûté. Je dois avouer qu'il est resté fraternel et amical avec moi, même après ma présidence.

J'ai beaucoup apprécié de travailler également avec le président turc Recep Tayyip Erdogan. C'est un chef d'État qui paraît compliqué au premier abord mais qui, en réalité, ne l'est pas tant que cela. Il faut comprendre que la Turquie d'aujourd'hui se veut l'héritière de l'ancien Empire ottoman et de son histoire. Lors de nos premiers échanges, je n'ai pas manqué de prendre en compte cette dimension, ce qui m'a permis de faire un pas vers lui. Je le taquine en l'appelant amicalement « le Sultan ».

Barack Obama, lui aussi, m'a beaucoup marqué. C'est un homme d'une grande intelligence politique et d'une grande humilité. Je l'ai reçu pendant trois jours à Dakar à l'occasion de sa tournée en Afrique en juin 2013. Sur la question des LGBT, nous avons eu des divergences d'opinions, mais nous nous respections mutuellement et c'est un grand démocrate. J'ai également travaillé avec Joe Biden, surtout à l'occasion du sommet États-Unis-Afrique du 13 au 15 décembre 2022 à Washington D.C. Avec le président Donald Trump, j'ai pu obtenir, au cours de son premier mandat en marge du G7 de Biarritz, une participation des États-Unis à la recapitalisation de la Banque africaine de développement à l'initiative du président Adesina, et il l'a fait. Les apparences, parfois, sont trompeuses…

Xi Jinping est, lui aussi, un grand chef d'État. Il peut surprendre par son flegme mais il se révèle assez chaleureux. Nous nous sommes rencontrés à douze ou treize reprises et à chacune, il se souvenait de la précédente et en rappelait les grandes lignes. Xi Jinping a beaucoup soutenu ma politique de développement et au vu des résultats, j'estime que l'Occident aurait tort de ne pas travailler avec la Chine en Afrique. Le projet du barrage d'Inga 3 sur le fleuve Congo serait une bonne occasion de le faire. Il nécessite un investissement d'environ 30 milliards de dollars et un financement d'une telle ampleur offrirait une belle possibilité de coopération entre la Chine, l'UE et les États-Unis. La compétition pour financer le développement dans les pays émergents ou en développement est normale, mais elle ne doit pas exclure la coopération quand celle-ci est nécessaire.

C'est pourquoi nous avons demandé à nos amis occidentaux de modifier certaines règles de l'OCDE sur les crédits exports. Les entreprises chinoises qui viennent travailler en Afrique bénéficient de financements qui s'étalent sur vingt ou vingt-cinq ans mais ce n'est pas le cas des banques occidentales. Elles devraient pouvoir offrir les mêmes facilités à leurs entreprises. Les Africains y gagneraient eux aussi, car elles feraient baisser le service de la dette en exerçant moins de pression sur son remboursement. Tout le monde serait gagnant. Non seulement en termes financiers mais aussi en termes de coopération entre les États, les entreprises. Le partage des bonnes pratiques bénéficierait à tous.

Aujourd'hui, les avis sont unanimes : l'Afrique est un partenaire fiable et sérieux. Elle est appelée à devenir un des continents phares du XXIe siècle. Elle y aspire d'autant plus qu'elle n'ignore rien des grands défis qui s'imposent à elle et qui préfigurent son avenir.

Le premier est le défi démographique. Il est gigantesque : la population africaine double tous les vingt-cinq ans et passera de 1,5 milliard en 2025 à 2,5 milliards d'habitants en 2050. Première conséquence, 600 millions de jeunes arriveront sur le marché du travail dans les quarante prochaines années, à raison de 15 millions par an. Aucun chef d'État ou leader politique africain ne peut se permettre de négliger cette réalité. Nous sommes tous conscients qu'il faut dès maintenant mettre en place les instruments financiers et industriels capables d'assurer la croissance économique et de procurer des emplois à ces nouvelles générations.

C'est le seul moyen d'éviter les phénomènes migratoires à grande échelle et la fuite d'une partie de notre jeunesse vers des horizons aussi lointains qu'incertains. Pour tout pays quel qu'il soit, la jeunesse est une richesse et une chance. On le voit bien, *a contrario*, dans les États dont la natalité en chute libre fait craindre la disparition pure et simple. Il faut donc tout entreprendre pour offrir à nos futurs enfants de quoi répondre à leurs rêves, vivre décemment et fonder une famille.

Seul un développement économique durable et continu est capable de retenir ces générations à venir sur le continent et d'en faire les moteurs d'une Afrique à sa juste place en 2050. Encore faut-il que, collectivement, nous nous engagions à transformer nos économies et à organiser autrement les profits que nous tirons de l'exploitation de nos ressources. Là réside le deuxième défi. Cette mutation est en cours mais il s'agit d'un processus long qui réclame des investissements gigantesques et beaucoup de volonté. On ne change pas de modèle économique en quelques années. Celui que je préconise depuis longtemps fera passer l'Afrique d'une économie majoritairement primaire à une économie industrialisée et de services capable de créer les chaînes de valeur qui nous font défaut aujourd'hui.

La valeur ajoutée est la clé de la prospérité. Elle permettra de développer et de consolider nos industries, de créer des emplois et d'augmenter nos recettes fiscales. Et cela sur l'ensemble du continent, grâce à la transformation sur place de nos minerais, de nos hydrocarbures, de nos arbres, de nos ressources halieutiques et agricoles. Il est significatif de constater à cet égard que les économies les plus performantes du continent sont celles qui ont le plus diversifié leur production – biens de consommation, automobiles ou produits chimiques – sans la faire reposer, par exemple, sur la seule industrie des hydrocarbures. On voit bien que l'industrialisation et une politique de diversification des secteurs d'investissements sont la clé d'un développement équitablement réparti sur tout le continent. À cet égard, l'UA doit engager ou accélérer les réformes que j'ai évoquées plus haut, en particulier une législation commune sur l'exploitation et la transformation sur place de ce qui est produit sur le continent, minéraux, productions agricoles et forestières, produits pétroliers, etc.

Troisième défi : l'éducation. Si l'on veut assurer un avenir à nos enfants et les maintenir sur notre sol, il faut leur offrir une éducation à la hauteur des enjeux du monde moderne, seule porte d'entrée à des emplois qualifiés. J'y reviendrai également plus loin.

CHAPITRE 13

Créativités sans frontières

Non seulement l'Afrique n'est plus à la traîne du monde, mais elle en est parfois à l'avant-garde. Depuis des années, elle fait la preuve de sa créativité, de sa vitalité et d'un savoir-faire original entre tradition et modernité, entre mode de vie ancestral et high-tech. Les noms et les créations des peintres, musiciens, couturiers, designers et spécialistes de la tech africains ont largement dépassé les frontières du continent. Leurs créations sont saluées par les grands médias internationaux. Aujourd'hui, la musique, la mode, la peinture, les arts plastiques africains influencent, inspirent, encouragent des créateurs de tous horizons en Europe, aux États-Unis, en Amérique latine, en Asie. Il y a désormais un soft power africain. Ce n'est pas une mince victoire sur ceux qui voulaient nous consigner dans une histoire secondaire et maladroite, ou nous assigner une place accessoire dans les domaines de la création artistique.

Pendant trop longtemps, l'art africain s'est vu cantonné aux « Arts premiers ». On ne conteste plus leur valeur esthétique ou religieuse et il faut reconnaître au président Jacques Chirac le mérite de leur avoir consacré le musée du Quai-Branly à Paris. Mais l'art africain est bien plus que ces statues « primitives », ces masques guerriers, ces figures de fécondité qui veulent nous renvoyer, involontairement je le reconnais, vers nos âges anciens et notre prétendue « infériorité civilisationnelle ». Plus personne n'ignore que l'art africain a fortement influencé des peintres comme Pablo Picasso ou Georges Braque et tout le cubisme. Les artistes africains ne sont plus ces sculpteurs sur bois anonymes ou ces orfèvres talentueux mais inconnus. Ce sont les peintres de l'école de Dakar, de l'école de Poto Poto à Brazzaville, des plasticiens comme Kalidou Kassé ou encore Omar Ba qui est exposé à Paris et à New York, des sculpteurs comme Ousmane Sow ou des designeuses comme la Sud-Africaine Mpho Vackier pour ne citer que ceux-là.

Les chanteurs et groupes africains sont des dizaines, eux, à enthousiasmer les foules sur les scènes américaines et européennes. Avec ses sonorités propres, ses rythmes bien à elle, la musique africaine est aujourd'hui universelle. En Afrique même, elle fait danser et chanter une jeunesse innombrable. C'est un peu le retour de la musique vers ses origines. Si je me remémore mes années de jeunesse, celle que j'écoutais provenait alors majoritairement d'Amérique, comme la soul music ou le jazz. Bob Marley, John Coltrane, Miles Davis ou Louis Armstrong ont irradié mes années d'étudiant. Je me dis aujourd'hui qu'en revendiquant plus haut et fort notre identité et notre histoire, les lointaines origines africaines de ces artistes expliquent peut-être pourquoi ils possédaient des dons aussi exceptionnels…

Aujourd'hui, des artistes comme Youssou N'Dour, Baba Maal, Omar Pène ou Ismaël Lo expriment magnifiquement dans leur musique les profondeurs de l'âme sénégalaise. Ce n'est pas la raison pour laquelle j'ai fait de Youssou N'Dour mon ministre de la Culture puis mon conseiller à la présidence :

son talent ne se limite pas à la composition de belles mélodies et de beaux textes. Et il suffit de se remémorer la performance d'Aya Nakamura sur le pont des Arts avec la Garde républicaine, lors de l'ouverture des Jeux olympiques de Paris le 26 juillet 2024, pour constater que l'Afrique, à travers elle, a surpris et séduit le monde entier. Comment ne pas mentionner l'extraordinaire part que s'est taillée la musique nigériane sur le marché mondial.

C'est un truisme, parfois dépréciant, de prétendre que les Africains ont la musique dans le sang. Senghor disait que l'enfant porté sur le dos de sa mère trouvait l'équilibre et le bonheur au rythme de ses mouvements. Il y a autre chose. Il suffit d'observer les athlètes, les footballeurs ou les chanteurs africains sur scène pour voir avec quelle facilité ils jouent de leur corps. Très agiles et capables de figures impressionnantes, ils en font littéralement ce qu'ils veulent. En eux, il n'y a aucune rupture, aucune dichotomie entre l'âme et le corps. Les deux forment un tout, un ensemble cohérent, une union intime de ces deux entités que la philosophie ou la religion occidentales ont souvent dissociées. Si la liberté de mouvement des Africains est totale, c'est parce qu'ils ne sont pas prisonniers de codes, de contraintes ou d'interdits qui leur imposeraient la raideur, la gaucherie physique que l'on constate parfois ailleurs.

Cette liberté de mouvement est la part commune à tous les Africains. Elle fait partie de nous. Quand nous dansons, nous ne sommes pas prisonniers des règles de la valse, du rock ou de la salsa. Nous sommes libres, guidés seulement par l'émotion, cette vibration que nous ressentons au plus profond de notre être, qui naît du rythme et qui nous anime des pieds à la tête. En la laissant s'emparer de nous, elle nous « fait lâcher prise ». Ce qui explique pourquoi en Afrique la musique et la danse sont synonymes de libération. Je garde à l'esprit la grande danseuse et chorégraphe Germaine Acogny.

À ce stade, je ne peux manquer d'évoquer la figure du grand chorégraphe Maurice Béjart, fils du philosophe Gaston Berger, parrain de l'université de Saint-Louis et de mon lycée de Kaolack – avant qu'il ne prenne le nom de Valdiodio Ndiaye. Gaston Berger était le fils d'un métisse franco-sénégalais dont la mère, Fatou Diagne, est native de Gorée.

« L'émotion est nègre comme la raison est hellène », disait le président Senghor. Un jugement assez discutable mais qui peut se comprendre puisque c'est en intellectuel nourri aux lettres classiques qu'il l'a formulé. Senghor éprouvait une grande admiration pour la pensée des anciens Grecs et on comprend qu'elle lui ait inspiré cette formule. Il n'avait cependant pas tout à fait tort quand il estimait que nos sentiments et nos émotions nous transcendent. Sans doute est-ce la raison pour laquelle des artistes comme Miriam Makeba, Manu Dibango, Alpha Blondy ou Cesária Évora ont fait danser et chanter le monde entier en lui transmettant cette énergie qui touche tous les cœurs, quelles que soient les latitudes.

Cette fluidité dans nos mouvements est aussi la marque de la mode africaine. Il y a toujours eu un goût du vêtement en Afrique. Une volonté d'élégance, même dans les habits les plus modestes, que l'on retrouve dans la tradition de « la sape », née naguère sur les bords du majestueux fleuve Congo. Ici, on aime s'habiller avec soin. Pour être le plus présentable possible mais aussi pour se respecter soi-même et témoigner de son respect à l'autre en se montrant sous son meilleur jour. Cette tradition explique que dans la moindre rue de la moindre ville, on trouve au moins un, si ce n'est plusieurs ateliers de couture.

Aujourd'hui, le boubou, vêtement traditionnel des femmes sénégalaises, devenu très tendance avec ses couleurs vives, inspire les couturiers africains. À leur suite, les grands noms européens ou américains de la mode se sont emparés du wax pour créer des modèles pleins de fantaisie. La mode et la haute couture africaines séduisent le monde entier. Nos stylistes habillent les plus grandes stars, les personnalités en vue, mais aussi la femme de la rue et le jeune chef d'entreprise. Leur audace, leur inspiration créative, souvent loin des codes de la haute couture, entraînent toute l'Afrique à la conquête de la mode. Je suis fier de porter en dehors de mes boubous Moy2ma d'Aicha Diop des boubous demi-saison du Nigérian Ebewele Brown.

Autre domaine d'excellence de la créativité africaine : le cinéma. L'Égypte a été pionnière dans les années 1930. Depuis, une pléiade de metteurs en scène et d'acteurs ou d'actrices ont conquis les spectateurs bien au-delà de la seule Égypte. Beaucoup de longs-métrages d'auteurs ou de divertissement, produits et réalisés en Afrique, touchent à l'universel par leur sensibilité particulière, leur liberté de ton et la qualité de leur réalisation. En particulier quand ils sont politiquement engagés…

Tous les ans, on compte par centaines et dans tous les genres les films cent pour cent africains qui sont en compétition au Festival de Louxor ou au Fespaco de Ouagadougou, équivalents africains des grands festivals européens ou américains. Toutes les sensibilités, tous les pays, tous les genres y sont représentés et leur notoriété témoigne de la richesse d'un cinéma souvent récompensé à l'étranger. Je pense au Sud-Africain Gavin Hood qui a obtenu l'Oscar du meilleur film étranger en 2006 avec *My Name Is Tsotsi*. Ou au Sénégalais Ousmane Sembène qui a dénoncé le drame de la condition féminine dans *Faat Kiné* et rendu hommage aux tirailleurs sénégalais dans le *Camp de Thiaroye*. Sans oublier Alain Gomis et Mati Diop, tous deux multirécompensés à Ouagadougou, Berlin, Venise ou Cannes.

L'industrie cinématographique africaine est en pleine expansion. Selon la directrice de l'Agence culturelle africaine, Aminata Diop Johnson, elle pourrait créer vingt millions d'emplois dans les années à venir. L'UA la soutient fortement à travers la Fédération panafricaine des cinéastes qui a été créée en 1970 lors des Journées cinématographiques de Carthage. Demain, j'en suis convaincu, on verra naître d'autres « Nollywood[1] » sur notre sol et des films africains remporteront des succès planétaires.

Dans un domaine plus austère mais tout aussi emblématique, on ne compte plus les personnalités, experts, économistes et hauts fonctionnaires qui portent haut les couleurs de l'Afrique. Au plus haut niveau des grandes organisations internationales, à la Banque mondiale, au Fonds monétaire international, à la Banque africaine de développement et autres, ils démontrent tous les jours des compétences devenues indispensables. Des experts comme Andrew Dabalen, économiste en chef de la région Afrique de la Banque mondiale, ou le professeur Carlos Lopes, éminent spécialiste du développement qui a longtemps travaillé au sein de l'ONU, en particulier à la Commission économique pour l'Afrique (CEA), font honneur au continent. Je pense aussi à l'économiste camerounaise Vera Songwe qui a succédé à Carlos Lopes à la CEA. Alors qu'elle était directrice des opérations de la Banque mondiale, Mme Songwe et sa collègue Anita Georges ont achevé de me convaincre, à la suite

1. Le Nigeria est la deuxième puissance cinématographique au monde, en nombre de films produits, derrière l'Inde et devant les États-Unis.

d'une mission de travail en Inde, de changer radicalement un projet d'investissement énergétique. Plutôt que d'investir, en effet, dans une centrale à charbon, j'ai opté pour le solaire. Dès mon retour à Dakar, j'ai signé un contrat avec des producteurs d'électricité indépendants (IPP) pour installer une capacité de 250 mégawatts de champs solaires, mais aussi éoliens, en moins de quatre ans.

Occupant souvent les postes les plus éminents dans les banques, les entreprises ou les grandes institutions internationales, ces hommes et ces femmes aident l'Afrique à devenir un acteur économique digne de ce nom dans les prochaines décennies. Sur le continent lui-même, ce sont des millions de jeunes entrepreneurs qui construisent le continent de demain et sa prospérité. Industries de transformation, tourisme, systèmes de santé, marketing, agrobusiness, ils se sont lancés dans tous les secteurs économiques d'avenir. En particulier trois secteurs en plein essor, le tourisme, le numérique et la fintech.

L'Afrique est devenue un « spot » touristique incontournable grâce à ses innombrables richesses historiques et naturelles. Depuis la vallée du Nil et les pyramides de Gizeh jusqu'aux savanes d'Afrique du Sud, du Sahara au désert du Kalahari en Namibie, des parcs régionaux et des réserves naturelles du Kenya, de Tanzanie, du Congo et du Gabon au delta d'Okavongo au Botswana, des splendeurs de la Medina de Marrakech aux églises enterrées d'Éthiopie, de la Casbah d'Alger, des ruines romaines de Tunisie et de Libye au mythique Kilimandjaro, le continent est une destination touristique de choix.

Le tourisme est un atout considérable pour notre développement. À condition d'en contrôler les effets négatifs qu'on observe dans les sites surfréquentés d'Europe comme Venise ou Barcelone où les municipalités sont obligées de prendre des mesures pour éviter un engorgement touristique insupportable. Nous en sommes encore très loin, excepté dans quelques villes ou sites déjà très recherchés. Des millions d'emplois sont à créer dans cette filière extrêmement large et qui fera de plus en plus appel à des personnels bien formés et à la technologie : hôtellerie, horticulture, restauration, services, agences de voyages, assurances, compagnies aériennes ou de navigation, système de réservation, accompagnateurs et guides, sécurité, etc.

Le numérique est l'autre grande voie de développement du continent. Il doit y investir massivement en capitaux, en concepteurs et en techniciens. À la fois pour consolider les réseaux existants et pour passer à une économie numérique. Les nouvelles technologies de l'information et de la communication (TIC) et maintenant l'intelligence artificielle (IA) non seulement sont à même de créer des millions d'emplois qualifiés, mais elles ont aussi l'avantage de nous faire faire un saut qualitatif. Pour ne prendre que l'exemple du Sénégal, nous avons depuis longtemps investi dans la fibre optique et sommes reliés à trois câbles sous-marins. Toutes les universités et tous les lycées du pays disposent de l'accès gratuit à Internet. Une majorité de communes sont connectées et les start-up ont suivi dans des domaines aussi variés que la sécurité, l'agri-tech, l'enseignement, ou la fintech. Le smartphone a bouleversé nos usages et nos modes de vie. Son utilisation exponentielle est en train de redessiner le contour de nos économies. Nous devons saisir cette occasion qui ne se reproduira pas. Je dois à ce propos saluer les performances remarquables du Kenya et du Rwanda dans le numérique et la tech.

Plus de 650 millions d'Africains utilisent tous les jours leur smartphone. Pour téléphoner, s'informer, surfer sur Internet, payer leurs achats et faire leurs opérations bancaires en toute sécurité sans passer par une agence, pour se connecter au monde. Au Sénégal, les agriculteurs eux-mêmes s'en servent pour améliorer leur production, mieux utiliser leurs engrais ou gérer l'arrosage de leurs cultures. Avec une rapidité déconcertante, le mobile et l'Internet transforment radicalement nos modes de vie et prouvent que les Africains, même les plus éloignés des grands centres urbains, sont parfaitement capables de s'adapter à ce nouvel outil et de s'en emparer avec une dextérité inattendue. L'Afrique est en train de sauter une étape et les investisseurs qui ne s'en seraient pas encore rendu compte vont manquer de belles occasions.

Oui, l'Afrique a fait irruption sur la scène mondiale. Et pas toujours là où on l'attendait. Sans doute connaît-elle encore des foyers de guerres, des régimes peu ou moyennement démocratiques, et des centaines de millions d'Africains vivent encore sous le seuil de la pauvreté. Nous ne sommes pas les seuls dans cette situation : dans d'autres parties du monde, en Europe, au Proche et au Moyen-Orient, en Asie, en Amérique latine, des conflits nouveaux ou anciens font des centaines de milliers de victimes, la pauvreté recule difficilement, l'instabilité politique ou des régimes autoritaires continuent de menacer l'avenir.

Ce qui nous différencie, toutefois, est la conscience aiguë de notre unité profonde, de la nécessité de faire cause commune et de souscrire à la volonté de faire de l'Afrique le continent phare du XXIe siècle. Les plaques tectoniques de notre environnement géopolitique bougent. Elles modifient en profondeur les grandes structures auxquelles nous étions habitués depuis des décennies et dont l'Afrique était le parent pauvre. Les choses ont changé de façon radicale depuis une décennie, depuis l'émergence d'un nouvel ensemble, celui des Brics, élargi aux Brics + et au Sud global.

Un ensemble qui, pour la première fois depuis 1945, n'est pas dominé par les États-Unis et l'Occident, et qui donne toute sa place aux pays africains. Une chance pour l'Afrique.

CHAPITRE 14

L'Afrique, les Brics et le Sud global

À la logique des blocs, celui de l'Ouest et celui de l'Est, qui s'opposaient frontalement pendant la guerre froide et entre lesquels s'interposait ce qu'on appelait alors le tiers-monde, s'est substituée la logique de nouveaux grands ensembles. Il y a l'ensemble occidental qui comprend les États-Unis, l'Union européenne mais aussi le Japon, l'Australie et la Corée du Sud, celui que la Chine constitue en Asie, celui de la Russie et celui de l'Inde, puissance montante dont la population dépasse désormais celle de la Chine. Ces grands ensembles se partagent le monde en regroupant des pays politiquement ou économiquement proches mais sans nécessaire proximité géographique. Deux grands absents toutefois, dans ce nouveau partage planétaire : l'Amérique latine et l'Afrique. Ni l'une ni l'autre ne sont aujourd'hui en mesure de constituer ces nouveaux blocs qui structurent en partie les nouvelles relations internationales.

Faut-il s'en étonner ? Non. Ni l'Afrique ni l'Amérique latine n'ont à ce jour les moyens de peser suffisamment, en tant que telles, sur la marche du monde ou d'agréger autour d'elles des zones satellites. Cela n'aura qu'un temps, j'en suis convaincu. Bien que l'Union des nations sud-américaines (Unasur) et l'Union africaine restent géopolitiquement modestes, elles pèseront de plus en plus sur les affaires du monde, ne serait-ce que par le poids de leurs populations qui comptent d'un côté 663 millions de personnes et de l'autre 1,5 milliard d'habitants.

Ni l'une ni l'autre ne sont absentes des grandes organisations qui structurent la vie internationale. Leurs États respectifs sont tous membres de l'ONU, de l'Organisation mondiale du commerce (OMC) à quelques exceptions près, de la Banque mondiale, etc. Par le biais de leurs pays les plus avancés, elles participent aussi aux deux organisations ou forums qui dessinent la nouvelle architecture mondiale : le G21 et les Brics.

Dans le premier, l'Afrique est représentée par l'Afrique du Sud, mais surtout par l'UA qui en est devenue membre de droit, comme je l'ai expliqué plus haut. Dans le second, l'Afrique du Sud, l'Égypte et l'Éthiopie représentent les intérêts du continent à travers les leurs. Il n'est pas inutile de rappeler que certains pays, et non des moindres, appartiennent à l'une et à l'autre de ces instances. L'Inde, la Chine, la Russie, le Brésil, l'Afrique du Sud sont membres à la fois du G21 et des Brics. Rien d'étonnant à cette double appartenance dans la mesure où rien n'interdit à un État d'être membre de plusieurs organisations si elles lui paraissent les mieux adaptées pour défendre ses idées et ses valeurs. L'Égypte, par exemple, est membre à la fois des Brics et de la Ligue arabe. On peut toutefois noter une certaine ambiguïté dans la double appartenance au G21 et aux Brics si l'on prend en compte le fait que les Brics se définissent plus ou moins clairement comme une alternative au G7 et, plus largement, à la prépondérance occidentale sur les institutions internationales.

Pour le justifier, les Brics avancent quelques réalités bien traduites par les chiffres. Ils représentent 41 % de la population mondiale et 26 % de la surface de la planète. Plus parlant encore, leurs PIB totalisent 37 % du PIB mondial et leurs sous-sols détiennent 25 % des réserves pétrolières et 50 % des minerais. Mieux, leur taux de croissance sera de 4,5 % en 2025 alors que les pays du G7 n'atteindront que 1,7 % ! Dans ces conditions, il fait peu de doute que les Brics vont mobiliser de plus des États cherchant de nouveaux partenaires commerciaux.

Ainsi, sur les trente pays qui ont posé leur candidature pour intégrer les Brics, treize ont été acceptés lors du sommet de Kazan du 22 octobre 2024 qui a réuni vingt-sept pays. Ce sommet est une assez bonne représentation du Sud global et démontre que les Brics + sont en train d'entraîner derrière eux de nombreux pays du Sud, même si des divergences subsistent entre certains d'entre eux. À terme, on peut imaginer que les Brics ++ élargis à un nombre conséquent de pays – ce qu'on appelle le Sud global – finiront par redessiner le monde en deux parties inégales : le Sud tel qu'on l'a vu à Kazan et ce qu'on appelle l'Occident.

Pour le moment, les dirigeants des Brics ambitionnent de proposer une alternative au système mis en place après 1945 et qui serait plus conforme à leurs intérêts. Ils souhaitent, par exemple, diversifier les vecteurs fiduciaires de leurs échanges commerciaux afin de mieux maîtriser leurs taux de change. Le commerce international ne pourrait que profiter de la possibilité pour les Brics de régler leurs échanges avec la ou les monnaies qui leur sont les plus adaptées.

Si tous les pays africains ne sont pas tous des Brics, ils appartiennent tous, en revanche, au Sud global. Ce nouveau concept géopolitique recouvre tous les pays et régions du monde qui sont considérés en général comme étant en développement ou émergents. Il se caractérise par une grande diversité géographique, économique et culturelle puisqu'il va des économies émergentes d'Asie, avec la Chine au premier rang et l'Inde, aux pays d'Afrique, d'Amérique latine, des Caraïbes et du Pacifique auxquels on ajoute désormais les pays du Golfe dans le cadre des Brics ++. Le Sud global ne se résume donc pas à une formule purement géographique mais réunit des pays qui se distinguent, par leur niveau de développement, de ceux du Nord. Une distinction qui ne signifie évidemment pas une opposition politique et encore moins une confrontation. De nombreux pays du Sud global entretiennent d'excellentes relations et même parfois des partenariats stratégiques avec les pays du « Nord » et, en premier lieu, les États-Unis.

Ce que le Sud global souhaite, c'est de se voir reconnaître un rôle désormais majeur dans les affaires internationales. De peser sur elles dans les domaines économique, financier, culturel ou politique. Il ne veut plus avoir le sentiment d'être tenu à l'écart. Ce fut le cas jusqu'à un passé récent où tout donnait à penser que l'état de la planète, son avenir, la paix ou la guerre étaient décidés par les seules grandes puissances, y compris au sein de l'ONU, ce temple du multilatéralisme mais dont les résolutions doivent être « bénies » par les cinq membres permanents du Conseil de sécurité.

Depuis quatre-vingts ans que l'ONU existe, le monde a radicalement changé. À côté des États-Unis et de l'ex-URSS, la République populaire de Chine a formidablement émergé pour devenir la deuxième puissance économique et militaire du monde tandis que les deux puissances européennes, la France et le Royaume-Uni, ont vu leur influence et leur capacité à peser s'amoindrir. Parallèlement, des grandes nations comme la République fédérale allemande après la réunification, le Japon, l'Inde, le Brésil, le Mexique, l'Arabie saoudite, la Corée du Sud, l'Afrique du Sud, l'Égypte ou l'Indonésie se sont imposées comme des acteurs incontournables : elles sont devenues des puissances économiques, financières, technologiques, démographiques et culturelles sans lesquelles aujourd'hui rien n'est possible.

Si les Africains n'acceptent plus un monde unipolaire, le monde multipolaire dont ils appellent l'avènement doit toutefois être équitable. En effet, que deviendraient les pays qui se situent entre les différents pôles ? Ne seraient-ils pas plus ou moins marginalisés ou tenus pour quantité négligeable ? Pour l'éviter, l'Afrique est appelée à constituer l'un de ces pôles. Autrement dit, elle doit avancer vers ce fédéralisme que j'appelle de mes vœux et se constituer à son tour en puissance planétaire.

Comme le dit un éminent philosophe sénégalais, Souleymane Bachir Diagne, il faudrait désormais penser le monde *depuis* l'Afrique. J'irai plus loin en affirmant qu'il faut surtout penser le monde *avec* l'Afrique. Pour cela, il faut changer les mentalités chez les responsables politiques européens, américains et asiatiques. Le poids de l'Histoire est en effet tellement lourd qu'ils ne parviennent pas toujours à comprendre que l'Afrique est un territoire autonome qui a besoin d'un développement autonome et non guidé par d'autres. Ils doivent admettre que la perception qu'ils ont d'elle doit changer et que l'Afrique est un partenaire à part entière, en particulier de l'Europe en raison de l'Histoire et de la géographie.

Rien n'est plus naturel et évident qu'un partenariat étroit entre nos deux continents. Nous devons travailler main dans la main. Il suffit de regarder une mappemonde pour constater qu'ils ne sont pas seulement voisins mais qu'ils s'embrassent. Entre l'Espagne et le Maroc, il n'y a qu'un mince détroit. Même géographie, même caractère méridional, même fuseau horaire, mêmes langues internationales – français, anglais, portugais, espagnol –, pratiquées à côté de plus de 2 500 langues africaines, riches et variées, qui représentent 30 % des langues parlées dans le monde : tout devrait amener l'Afrique et l'Europe à travailler en bonne intelligence. Ce qui suppose de construire ensemble des dynamiques et des projets, sans qu'une des deux parties impose à l'autre sa conduite de l'action ou lui dise ce qu'elle doit faire ou non.

C'est à cause de cette façon d'agir encore trop souvent pratiquée que développer une synergie positive pour les deux ensembles reste compliqué. Quand la partie qui a les moyens financiers pour mener tel ou tel projet est la seule à définir les règles, cela crée inévitablement un déséquilibre. Les choses ne peuvent plus fonctionner de cette façon. Le partage doit être plus équitable. Les élites politiques et industrielles européennes devraient s'attacher à mieux comprendre l'Afrique, son histoire, la façon dont elle s'est constituée et la part qu'elle a prise à sa libération, exactement comme elles connaissent la façon dont l'Europe s'est construite à travers son histoire jusqu'à la création de l'Union européenne. Si les leaders européens continuent de se cantonner à leurs débats nationaux, en particulier sur la question migratoire, sans faire l'effort de mieux connaître l'Afrique et de la considérer comme une partenaire, on ne pourra rien construire de durable.

Examiner ce qui nous réunit est la condition pour progresser ensemble. Il faudrait, d'un côté, que l'Europe s'implique davantage sur le continent ; de l'autre, que l'Afrique collabore davantage avec elle. De part et d'autre, les mentalités doivent évoluer. L'Afrique ne réclame pas de l'aide, elle souhaite seulement travailler sur la base d'un partenariat équilibré. Les choses ont peu ou trop lentement évolué dans ce sens, en raison surtout des fréquents changements de gouvernements en Europe. Ce turnover, provoqué par l'arrivée au pouvoir de gens qui sont parfois novices en politique ou qui ne connaissent pas grand-chose au continent africain, ne facilite pas les choses ni la compréhension mutuelle. Sans parler des mouvements populistes qui occupent beaucoup de place dans certains débats nationaux.

Le premier sommet des Brics auquel j'ai été convié est celui de Durban en 2013. J'y suis allé en tant que président du Nepad dont le Sénégal est un des cinq pays fondateurs grâce au président Wade. Ayant participé également à la plupart des sommets suivants, même avant d'être président de l'UA, je pense pouvoir dire que je connais le fonctionnement de ce forum international et ses personnalités les plus influentes. Je leur ai dit qu'elles devaient résister à la tentation des plus forts : au sein des Brics +, il faut éviter que les cinq « poids lourds » se situent au-dessus des autres. Comme le disait très justement le président namibien aujourd'hui décédé, Hage Geingob, « il faut éviter la tentation de la loi des grands ». Alors que l'Afrique se bat pour modifier la gouvernance au sein du Conseil de sécurité de l'ONU, tomber dans les mêmes travers au sein des Brics serait une grave erreur.

Aux nations africaines, le Sud global offre un cadre pour converger vers plus d'unité et peser davantage en faveur d'un nouvel équilibre mondial. Il ne doit donc pas devenir un lieu de confrontation mais être un moyen d'équilibrer le modèle hérité de la Seconde Guerre mondiale, l'Organisation des Nations unies et les institutions de Bretton Woods. On ne peut pas continuer à fonder l'ordre international sur des règles édictées il y a quatre-vingts ans par les vainqueurs de 1945. Pour le comprendre, il suffit de rappeler qu'au moment de sa création, l'ONU regroupait 53 pays et qu'elle en compte aujourd'hui 193. Le multilatéralisme ne peut plus fonctionner de la même façon qu'au siècle dernier. Appelée à s'inscrire totalement dans ce mouvement de grande ampleur et à devenir un acteur politique à part entière, l'Afrique doit jouer un plus grand rôle au G21 et au sein des Brics. C'est une des conditions pour que sa voix porte haut et fort et qu'elle gagne en influence, l'autre étant la place qui doit lui être faite au Conseil de sécurité des Nations unies comme je l'expliquerai dans le chapitre suivant.

L'Afrique ne demande pas réparation. Elle ne réclame ni dédommagements ni pardon de ceux qui l'ont exploitée pendant si longtemps. Mais elle a des revendications. Elle réclame plus d'équité, plus d'inclusion, plus de justice. Et plus de respect. Non pour ce qu'elle a subi et qui ne serait que la suite de cet apitoiement qu'on lui a manifesté à chaque crise. Mais pour ce qu'elle est devenue, pour sa maturité, pour ses institutions, pour le soft power qu'elle exerce partout dans le monde, pour ce qu'elle représente et ce qu'elle inspire. Et surtout pour l'avenir qu'elle est en train de construire au profit de toute l'humanité.

Un avenir certes encore lointain et incertain mais qui offrira au monde non seulement des ressources encore inexploitées, mais aussi des intelligences, des savoir-faire, des technologies, de la main-d'œuvre qualifiée, des avancées entrepreneuriales qui insuffleront un nouvel élan aux peuples du monde entier.

CHAPITRE 15

ONU : la juste place de l'Afrique

Quoi qu'en disent ou souhaitent certains leaders politiques, l'Organisation des Nations unies reste le seul lieu de la planète où la communauté internationale est en mesure de résoudre pacifiquement les différends et les conflits entre États et de tenter de ramener la paix dans les zones en guerre. Elle est une place où des négociations au plus fort des crises entre États réussissent à être menées avec quelque chance de succès pour faire diminuer les tensions. Le siège de l'ONU, 405 East 42nd Street à New York, demeure l'endroit emblématique où se jouent depuis des décennies la guerre et la paix entre les nations. Bien que la plupart des guerres qui ont éclaté depuis 1945 n'aient pas pu être évitées par l'ONU, il faut lui reconnaître qu'elle a réussi, aussi souvent que le permettaient les situations sur le terrain, à rétablir la paix. À cet égard, on ne peut que souligner le rôle indépassable du département des opérations de maintien de la paix.

Le multilatéralisme a connu son apogée après la Seconde Guerre mondiale avec la création de l'ONU le 24 octobre 1945 à San Francisco. La guerre s'était officiellement achevée quelques mois plus tôt et c'est pour entériner et officialiser le nouvel ordre mondial qui découlait de la victoire alliée que l'Organisation a vu le jour. En 2025, il n'est pas inutile de se remémorer les conditions de cette création pour se rappeler comment les cinq vainqueurs ont mis alors en place ses règles de fonctionnement approuvées par les vingt-six pays signataires de la Charte. « Plus jamais ça ! » semblaient-ils vouloir dire. Ce faisant, ils ont écarté les vaincus de la veille, l'Allemagne nazie, le Japon impérialiste et, dans une moindre mesure, l'Italie mussolinienne, et ont voulu réunir tous les pays de la planète dans ce qu'on appelle depuis la « communauté internationale ».

Ces règles, parfaitement adaptées à l'esprit du temps, eurent une conséquence : au bout du compte, la décision finale de l'ONU revenait toujours aux Cinq Grands qui, avec leur droit de veto au Conseil de sécurité, pouvaient et peuvent encore bloquer des résolutions qui ne leur conviennent pas. S'il faut reconnaître que la France et la Chine se sont efforcées de jouer le jeu du multilatéralisme en utilisant rarement leur droit de veto, il n'en a pas été de même pour la Russie soviétique et postsoviétique, et les États-Unis : 129 fois pour la première et 87 fois pour les seconds, souvent suivis par le Royaume-Uni (29 fois). On peut toutefois reconnaître que, malgré ce système, l'ONU a réussi à éviter à plusieurs reprises que des conflits régionaux ou entre les Deux Grands débouchent sur une guerre mondiale.

Après la chute du Mur de Berlin en novembre 1989, le monde est devenu unipolaire, dominé par une seule superpuissance, les États-Unis d'Amérique. Parallèlement, des nationalismes ont fait leur retour dans plusieurs pays de la planète et les deux conjugués ont mis à mal le cadre multilatéral auquel nous étions habitués. La situation actuelle lui laisse encore moins de place. Dominée par la rivalité entre les États-Unis et la Chine, la guerre en Ukraine, le rapprochement entre Donald Trump et Vladimir Poutine, et le conflit au Proche-Orient, elle a mis l'Europe de côté avant que celle-ci se réveille et se mobilise. La question est de savoir désormais si le monde doit évoluer en deux blocs, Chine et États-Unis, ou si plusieurs grands ensembles tels que ceux que j'ai évoqués plus haut vont le structurer. Je penche évidemment pour la seconde hypothèse puisqu'elle est seule capable de renforcer un multilatéralisme en perte de vitesse et revenir à plus d'équilibre dans la vie internationale. En d'autres termes, la seule à tempérer la loi du plus fort qui prévaut aujourd'hui et à prévenir une confrontation générale.

Il faut donc créer d'autres blocs, ou renforcer ceux qui n'ont pas encore été institutionnalisés. C'est la seule façon de construire ensemble un nouvel ordre international et de redonner toute sa vigueur au multilatéralisme. Il faut aussi qu'émerge au sein de l'ONU une volonté plus forte de promouvoir la paix pour arrêter les conflits en Afrique, au Moyen-Orient ou ailleurs. Les Nations unies ont besoin d'apôtres de la paix, prêts à s'engager, pour faire de la médiation. Ces militants de la paix – acteurs des sociétés civiles, ONG, hommes et femmes politiques – pourraient agir partout dans le monde et faire contrepoids dans leur propre pays. Je plaide pour une mobilisation internationale qui pourrait prendre la forme d'un Forum pour la paix comme on l'a fait pour le climat.

Le problème principal provient du fait que l'ONU est paralysée, ou affaiblie, par son mode de fonctionnement et le droit de veto des seuls membres permanents du Conseil de sécurité qui ne correspondent plus aux réalités du XXIe siècle. Cette paralysie affecte les autres organisations internationales : quand l'UA ou la Cedeao adoptent, par exemple, une position mais que celle-ci est bloquée par un vote de l'ONU, elles ne peuvent pas l'appliquer, ce qui handicape les organisations régionales. Je préconise donc une réforme – une simple idée à ce stade – qui contournerait le Conseil de sécurité mais où chacun des cinq membres conserverait son droit de veto et qui donnerait beaucoup plus de poids à l'Assemblée générale sur des questions spécifiques.

Par exemple, sur les projets de résolution concernant les guerres ou les génocides, un vote aux 3/5 ou aux 4/5 des membres de l'Assemblée générale devrait suffire pour qu'ils soient adoptés d'office sans avoir à être entérinés par le Conseil de sécurité. Cette réforme offrirait à l'ONU un outil plus simple pour calmer les tensions, arrêter les conflits ou condamner certaines aventures belliqueuses.

D'une tout autre ampleur serait la réforme plus profonde que je préconise et en faveur de laquelle nous sommes plusieurs chefs d'État ou anciens chefs d'État à nous mobiliser. À mes côtés pour la promouvoir, on trouve le président Ramaphosa d'Afrique du Sud et le C10, c'est-à-dire les dix pays africains mandatés par l'UA pour négocier sous la coordination de la République de Sierra Leone. Cette réforme part du constat que la place réelle de l'Afrique dans la vie internationale n'est pas considérée à sa juste mesure. Trois éléments probants ne sont en effet pas pris en compte. *Primo*, les plus importantes missions onusiennes de restauration et de maintien de la paix se déroulent sur le continent africain. *Secundo*, plus du quart des membres de l'ONU, soit 54 pays, sont africains et totalisent 1,5 milliard d'habitants. *Tertio*, 50 % des questions à l'ordre du jour du Conseil de sécurité et 70 % de celles inscrites au titre du chapitre VII de la Charte sont liées à l'Afrique.

Autrement dit, ce qui concerne l'Afrique concerne la planète entière. L'inverse est également vrai. Personne, dans la communauté internationale, ne peut plus faire l'économie de cette réalité. Désormais, la compréhension africaine des grandes questions mondiales est, je l'ai expérimenté, plus globale car fondée sur la réalité objective et moins sur la revendication de son particularisme. L'Afrique se veut donc pleinement actrice du destin de l'humanité.

En dépit de son poids territorial et démographique, l'Afrique ne dispose au Conseil de sécurité que de trois sièges de membres élus pour deux ans et d'aucun siège permanent. Cette situation nous cause un grave préjudice puisque les résolutions nous concernant et que nous souhaitons voir appliquées sont à tout moment susceptibles d'être rejetées par le veto brandi par l'un des cinq membres permanents.

Au nom des 54 États du continent africain et de ses 1,5 milliard d'habitants, nous revendiquons donc deux sièges de membres permanents au Conseil de sécurité des Nations unies avec droit de veto. Des membres permanents actuels s'y opposent obstinément en faisant valoir plusieurs arguments. Ils nous objectent notre prétendue instabilité politique persistante et la faiblesse de notre contribution financière au budget de l'Organisation. Ils affirment également que c'est justement la présence des seuls cinq permanents qui garantit un fonctionnement équilibré du Conseil et qu'introduire de nouveaux membres avec droit de veto le rendrait inopérant. Par ailleurs, ajoutent-ils, s'ils accordaient un siège ou deux à l'Afrique, comment pourraient-ils le refuser à l'Allemagne, au Japon, à l'Inde ou au Brésil ?

Face à cette opposition, nous estimons que la vraie question est celle de l'équité dans la représentation des peuples et de la place qu'ils occupent au sein de la communauté internationale. Malgré les difficultés, notre proposition fait peu à peu son chemin dans les esprits. Beaucoup considèrent que l'Afrique devrait occuper une juste place dans l'instance internationale dont dépend en partie son sort. Je suis en outre convaincu que notre proposition de réforme pourrait redonner toute sa vitalité au multilatéralisme en faisant peser l'Afrique de tout son poids sur les affaires de la planète et sur la question de la paix et de la guerre. Elle aurait également le mérite de régler la question aussi difficile que sensible du droit de veto : qui ne voit pas qu'aujourd'hui le Conseil de sécurité est paralysé ou inopérant quand l'un de ses membres permanents fait jouer son droit de veto ?

Nous souhaitons engager le même type de réforme au sujet de l'architecture financière internationale. Celle-ci date aussi de l'après-Seconde Guerre mondiale et ne correspond plus du tout aux réalités du monde contemporain. Un petit pas a déjà été fait quand le FMI a ouvert une vingt-cinquième chaise pour l'Afrique subsaharienne. Jusque-là, l'Afrique entière n'avait que deux sièges au conseil d'administration, ce qui était très peu en termes de pouvoir. Elle en dispose désormais de trois, ce qui est plus équitable au regard de son poids démographique et économique mais reste insuffisant. Il faut continuer cette réforme en allant vers plus d'inclusion. Il en va de même pour l'OMC : une bonne partie de l'Afrique ne bénéficie pas de ses règles actuelles puisqu'elle représente seulement 3 % du commerce mondial. Alors que si on valorisait tout ce qui est exporté du continent, ce pourcentage serait de l'ordre de 10 à 15 %, et nous conférerait un poids plus conforme à la réalité.

On l'aura compris, je crois profondément au rôle de l'ONU mais à condition qu'elle n'ignore plus les réalités de notre temps ni les besoins de la majorité des pays qui la composent. Au risque, sinon, de provoquer de graves contestations et fragmentations en son sein. J'ai beaucoup de respect pour l'ONU et le travail accompli par ses secrétaires généraux successifs, en particulier le Ghanéen Kofi Annan, qui a fait honneur à l'Afrique au cours de ses deux mandats, Boutros Ghali, et Ban Ki-moon qui a, lui aussi, rempli deux mandats et dont les valeurs éthiques et humaines ont été unanimement saluées.

Mes visites au siège de l'ONU ont toujours été pour moi des moments particulièrement forts. Ma première participation à l'Assemblée générale date de la période où j'étais Premier ministre. J'y suis retourné en septembre 2012 et régulièrement en qualité de président du Sénégal jusqu'en septembre 2023 pour une dernière participation avant la fin de mon second mandat. Par un concours de circonstances inattendu, j'ai eu le privilège et la chance d'être le premier à prendre la parole à la tribune devant l'ensemble des chefs d'État et de gouvernement qui avaient pris place dans la salle plénière.

De retour d'Allemagne, le président Joe Biden m'a, en effet, proposé d'échanger nos places et j'ai donc eu l'honneur de parler « en prime time », pourrait-on dire, puisque c'était l'ouverture de l'Assemblée. J'avoue avoir été très impressionné de me retrouver face aux leaders présents ou à leurs représentants. Ce fut pour moi un moment incontestablement historique puisque j'allais parler au nom de mon pays mais aussi de tout un continent. L'heure était grave : plus ou moins lourdement impactés par la guerre en Ukraine qui durait depuis plus d'un an et demi, nous nous interrogions tous sur l'avenir de ce conflit qui risquait de se généraliser et d'entraîner le monde dans une spirale incontrôlable.

Mon discours a eu pour thème la restauration de la confiance et de la solidarité mondiale, et a réclamé une accélération des actions de l'Agenda 2030 en faveur du développement durable. Le constat que j'ai dessiné au préalable sur la situation mondiale était particulièrement alarmant : des millions de gens à travers le monde souffraient de la violence, de la pauvreté et des inégalités ; beaucoup de pays continuaient de subir l'impact économique et social de la pandémie, le réchauffement climatique atteignait un niveau sans précédent et une guerre de haute intensité sur le sol européen faisait craindre une catastrophe majeure. En rappelant aussi la tragédie de l'émigration clandestine, j'ai également insisté sur la nécessité de mettre en œuvre le Pacte mondial pour des migrations sûres et de poursuivre la lutte contre les réseaux criminels. Sur la situation africaine, je n'ai pas pu ne pas pointer du doigt l'inefficacité des deux opérations de maintien de la paix en cours dont ni les mandats ni les équipements n'étaient suffisamment robustes, ni interpeller le Conseil de sécurité sur ses responsabilités dans la lutte contre le terrorisme.

C'est seulement ensuite que j'ai appelé l'Assemblée à s'interroger sur la pérennité d'un système fondé au milieu du siècle précédent avec l'ONU, la Banque mondiale et le Fonds monétaire international. Bien que nous reconnaissions les services qu'il avait rendus si longtemps, il était temps d'admettre que ce système ne pouvait ignorer plus longtemps les réalités et les besoins des trois quarts des pays qui composaient l'Assemblée. Réformer la gouvernance politique, économique et financière mondiale devenait impératif si elle voulait rester représentative de la diversité du monde et conserver sa légitimité.

Cette diversité devait être respectée, ai-je voulu rappeler en citant les mots du président Senghor qui, au lendemain de l'indépendance du Sénégal, avait dit qu'« une civilisation particulière ne saurait s'imposer seule sans dresser contre elle la majeure partie de l'humanité ». À travers cette citation, j'espérais que les représentants de toute cette humanité assis devant moi partageraient l'idée que certains peuples n'avaient nullement le droit, encore moins la légitimité d'imposer aux autres leur façon de vivre. Les peuples étaient libres, leur histoire, leurs réalités socioculturelles étaient si diverses qu'ils ne pouvaient accepter de se voir imposer ce que j'appelais le « prêt-à-porter civilisationnel ».

Les modes de vie, les traditions, les mentalités varient selon les latitudes, les longitudes et les histoires, chaque société a son génie propre et personne ne peut prétendre l'en déposséder au nom d'un universalisme faux et étroit. Ce qui vaut pour les uns ne convient pas forcément aux autres. Au contraire, ai-je ajouté, nous avions le devoir, en ce moment si particulier de l'Histoire, de redonner toute sa vitalité au véritable universalisme fondé sur la diversité et les valeurs partagées par tous. Sans lui, il était impossible de promouvoir des relations confiantes, solidaires et inclusives entre les pays, fondement et idéal du multilatéralisme.

Par ma voix, je savais que c'était toute l'Afrique qui s'exprimait ce jour-là à la tribune des Nations unies. Je crois pouvoir dire qu'elle a porté, si j'en juge par les commentaires positifs qui ont suivi mon intervention, émis non seulement par mes homologues africains, mais également par des représentants de nombreux autres pays. Si ma voix a réussi à faire évoluer les choses, comme ces témoignages me le laissaient croire, alors ni moi ni l'Afrique n'avions parlé pour rien.

CHAPITRE 16

Le scandale de la dette africaine

Rares, voire inexistants, sont les réunions multilatérales, les forums internationaux ou les rencontres avec les grands bailleurs au cours desquels l'Afrique n'est pas accusée d'être trop endettée. Dans les discussions, quel que soit le thème initial, le sujet de la dette africaine finit toujours par arriver sur la table. Dans la plupart des cas, soit nos interlocuteurs en font le reproche aux chefs d'État et aux ministres des Finances africains qu'ils ont en face d'eux, soit ils les informent que, finalement, les investissements ou le prêt promis ne leur seront pas accordés. Telle est souvent la base de nos échanges avec les pays développés et les grandes institutions.

Je ne nie pas qu'elle corresponde à la réalité des situations financières de la plupart des pays africains. Je ne nie pas non plus qu'elle mérite d'être assainie et que nous devons faire tous les efforts possibles pour nous libérer de ce carcan. Mais pas à n'importe quel prix. Or, ce prix, fort, et déraisonnable, nous le payons. Il est très élevé et tous les Africains le paient depuis des décennies au détriment de leur progrès économique, social et environnemental. Pourquoi ? Parce que la dette qui devrait être un facteur de développement est devenue un fardeau.

Le plus lourd à peser sur nos économies. Tout le monde doit comprendre que l'Afrique demeurera condamnée à rester un continent émergent tant que le problème de sa dette ne sera pas résolu.

Comment en est-on arrivé là ? Comment n'a-t-on pas vu que ce problème était la conséquence d'un système devenu pervers au fil des réglementations imposées par le système financier international, lui-même entre les mains des pays développés ? Quand un pays émergent aux moyens budgétaires naturellement limités souhaite lancer un programme de modernisation dans un secteur clé de son économie comme l'énergie, le transport, l'agriculture ou l'éducation, il ne peut pas faire autrement que de s'endetter. C'est-à-dire solliciter un prêt auprès des grands bailleurs internationaux et des banques d'investissement.

Qui dit emprunt dit capital à rembourser et intérêts annuels à décaisser selon un taux qui varie en fonction de la fiabilité de l'État en question, en d'autres termes sa capacité à rembourser son emprunt. Celui-ci se voit dès lors appliquer une note qui va peser plus ou moins lourdement sur le taux d'intérêt calculé pour son emprunt mais aussi sur le nombre d'années qui lui est consenti pour le rembourser intégralement.

Qui, aujourd'hui, décerne cette note ? Les agences de notation. Trois d'entre elles dominent le marché, les « Big Three » Standard & Poor's, Moody's et Fitch Rating. Américaines toutes les trois, elles contrôlent la quasi-totalité du marché, le reste se répartissant entre une petite dizaine d'agences. Quand je parle de la capacité d'un État à rembourser son emprunt, les agences, elles, prennent le problème dans l'autre sens et raisonnent en termes actuariels, c'est-à-dire qu'elles n'évaluent pas la « capacité à » mais le « risque de », à savoir le risque de non-remboursement de l'emprunt et de faire défaut. On passe ainsi d'une évaluation de nature positive à une évaluation structurellement négative. Cela change tout. La perception que le bailleur a non seulement de tel ou tel État emprunteur, mais aussi de la justification de l'emprunt lui-même. Qu'on le veuille ou non, cette image préalable imposée par une note dans le cerveau d'un bailleur influencera nécessairement sa décision finale sur le montant de l'emprunt, sa durée et le taux qu'il va lui appliquer. Elle pèsera surtout sur la couverture du risque par une assurance liée justement au risque perçu !

Les agences de notation sont indépendantes et bien informées sur les États qu'elles évaluent mais je ne pense pas qu'elles soient suffisamment au fait des réalités des pays qu'elles évaluent. Les cascades de chiffres, les tableaux Excel, les innombrables études techniques préalables et autres panels d'évaluations ne remplacent pas la connaissance physique, j'allais dire charnelle. Bien souvent ces instruments, dont je ne nie pas l'utilité, masquent la réalité, voire la déforment. Certes, ils offrent une photographie assez précise du pays emprunteur, mais à un instant T et pas nécessairement dans la durée. Elles passent souvent à côté de données (data) locales utilisées par les banques locales et les administrations.

L'ensemble des paramètres et les évolutions positives ou négatives qui permettent d'évaluer le fameux risque de défaut mesuré par les agences sont-ils pris en compte à leur juste valeur ? Telle est la question que nous sommes en droit de nous poser quand on voit les conditions d'emprunt qui sont faites aux pays africains.

Dans leur évaluation d'un État, les agences se fondent sur ses grands agrégats économiques, la situation de ses finances et l'adéquation finale entre le coût de l'emprunt et ses recettes fiscales. Elles établissent ensuite des scénarios prévisionnels qui leur permettent d'évaluer la probabilité qu'un ou plusieurs de ces scénarios se réalisent. Ces calculs déterminent alors le niveau de solvabilité de l'État emprunteur et lui attribuent des notes, de « fiable » à « risqué » jusqu'à « défaut de paiement », les fameux AAA à D. Le problème de ces notes est qu'elles sont devenues la norme pour l'accès à l'emprunt, bien qu'elles soient considérées par les agences elles-mêmes comme seulement consultatives. La conséquence d'une « mauvaise note » porte sur le montant du taux d'intérêt exigé pour l'emprunt : plus la note est basse, plus le taux est élevé. Son caractère dissuasif limite donc la capacité d'emprunt de l'État mal noté.

Je ne prétends pas que ce type de calculs est faux mais je dis qu'il est incomplet ou partiel dans la mesure où, en prenant uniquement en considération le PIB d'un pays, les agences ne tiennent aucunement compte de sa richesse réelle. Je veux simplement affirmer que ce que l'Afrique recèle dans son sous-sol, ses immenses richesses en minéraux, en hydrocarbures, en puits de carbone ou en bois pour ne prendre que ces exemples, n'est jamais pris en compte dans les évaluations. On nous dira que lorsque ces ressources naturelles seront extraites et vendues, leur valeur sera incluse dans le calcul du PIB dans sa partie production. En tout état de cause, le continent devrait développer des méthodes de comptabilité qui intégreraient mieux la valorisation des ressources naturelles. Le PIB reflète insuffisamment la réalité économique des pays en développement. De surcroît, je crains que les agences ne se fondent que sur leur perception du continent et non sur sa réalité économique et financière.

Conséquence directe : l'ensemble de la dette africaine est alourdi par une surcharge de primes de risques qui viennent s'ajouter à l'endettement lui-même. Le résultat est que le poids de la dette devient rapidement insurmontable : quand un

État doit lever des financements pour son développement, il s'endette à 8 %, voire parfois 15 %, au lieu de 2 ou 3 % à cause des primes de risques. Il y a pire. Non seulement les primes sont très élevées, mais elles sont prélevées dès que l'emprunt est levé ! Nous sommes nombreux à considérer que ces conditions sont d'autant plus discriminantes que l'Afrique ne présente pas en réalité de risque lourd, qu'elle est résiliente et paie sa dette. Majoritairement, elle ne fait pas défaut, contrairement à ce qu'on a connu en Amérique du Sud, encore récemment, ou même en Europe du Sud.

La perception du risque d'emprunt, c'est-à-dire d'investissement en Afrique, me paraît donc fortement exagérée. Je ne suis pas le seul à estimer que le système d'évaluation que je viens d'évoquer est inéquitable. Le rapport sur le financement du développement durable réalisé en 2022 par une soixantaine d'institutions multilatérales, dont le FMI, la Banque mondiale et le Comité de Bâle sur la supervision bancaire, ne dit pas autre chose. Il déplore la sévérité des agences de notation pour les pays du Sud et leur indulgence à l'égard des pays industrialisés. Il relève, par exemple, qu'en 2020, alors que le monde entier était en pleine pandémie du covid-19, la notation de 18 des 32 pays africains évalués par au moins une des grandes agences a été dégradée. Ce qui représente 56 % des pays évalués, à rapprocher des 31 % des pays développés alors même que, selon le rapport, ils « ont connu une augmentation de leur dette et un ralentissement économique beaucoup plus important, [et] ont largement échappé aux dégradations, ce qui renforce leur accès à un financement de marché abondant et abordable ». Fort de ce constat et de son autorité, le rapport appelle à adopter des « méthodologies transparentes afin de ne pas miner la confiance dans les notations ».

Cette recommandation a été en partie entendue. Certaines évolutions positives ont été entérinées depuis sa publication. En particulier lors de la Sustainability Conference de Hambourg des 6 et 7 octobre 2024 à laquelle j'ai participé au titre d'envoyé spécial du Pacte de Paris pour les Peuples et la Planète (4P). Plusieurs sessions de travail nous ont réunis avec Standard & Poor's et Moody's. Les discussions ont été franches et directes. De mon côté, je leur ai demandé de prendre davantage en compte la réalité concrète des pays africains. En commençant par éviter de considérer l'Afrique comme un bloc alors qu'elle est très diverse, et par faire la distinction entre le Nord et le Sud, entre l'Est, l'Ouest et le Centre. L'Afrique est un continent trop vaste pour être vu sous un seul angle, ai-je ajouté. Chaque projet de chaque pays est particulier et pertinent en soi, et doit être évalué sans aucun *a priori*.

De leur côté, les agences ont soutenu qu'elles manquaient de données pour faire objectivement leurs évaluations. D'après elles, les données que présentait l'Afrique étaient insuffisantes, contrairement à celles dont elles disposaient pour l'Europe ou les États-Unis. Un argument recevable mais qui dénotait indirectement le peu d'efforts qui sont faits pour obtenir les informations qui leur manquaient. En substance, je leur ai répondu qu'il leur suffisait de se rapprocher des institutions et organismes présents sur le terrain puisqu'ils possédaient toutes les données dont elles avaient besoin…

On voit bien que la question des notes relève d'une question d'approche et que celle-ci est souvent biaisée par des présupposés. Si, par exemple, les agences demandaient l'accès aux données des banques centrales ou commerciales et des agences de statistiques africaines, il leur suffirait ensuite de les organiser et de les consolider dans le format qu'elles ont l'habitude de pratiquer. Et c'est dans ce format que les investisseurs pourraient les consulter. Un peu de bonne volonté ne serait pas superflue… Le résultat est que les États africains sont mal financés donc sous-financés et qu'ils continuent de payer des taux d'intérêt trop élevés. On comprend dès lors la décision du sommet de l'Union africaine du 16 février 2025 de créer une agence africaine de notation financière indépendante pour le continent (ACRA). Son objectif est de mieux défendre les intérêts des pays africains en réduisant les biais perçus par les grandes agences de notation. Il serait pertinent que l'ACRA s'appuie sur les indices de la Fondation MoIbrahim sur la gouvernance en Afrique pour étoffer son approche. Il faut aussi encourager l'ACRA à travailler avec les trois grandes agences citées plus haut pour une collaboration fructueuse au bénéfice de l'Afrique.

CHAPITRE 17

Sortir du piège de la dette

Depuis des années, l'Afrique s'efforce de rembourser ses emprunts mais il est évident qu'elle ne peut le faire que dans la limite de ses capacités. C'est pourquoi il aurait été utile de trouver des mécanismes capables de rendre sa dette bilatérale et multilatérale plus supportable ou des leviers de garantie pour atténuer les taux d'endettement. On pourrait ainsi consolider aujourd'hui toute la dette africaine pour en faire un seul et unique bloc et dès lors avoir les moyens de la renégocier. Quand la pandémie du covid-19 a provoqué la crise économique que l'on sait, j'ai été de ceux qui ont proposé que la dette soit annulée. Elle n'a été que suspendue, partiellement, ce qui était déjà un premier résultat mais insuffisant.

À la demande de la Banque mondiale et du FMI, les pays du G20 ont pris l'Initiative de suspension du service de la dette (ISSD) pour aider les pays les plus pauvres à consacrer leurs ressources à lutter contre la pandémie, ce qui était une priorité absolue. Une suspension qui a été effective de mai 2020 à juin 2021 mais qui a été vue avec défiance par les agences de notation. Bien que cette suspension ait été prise par une instance intergouvernementale, elles ont mis plusieurs pays africains sous surveillance – avant même leur participation à l'ISSD ! –, ce qui a contribué à aggraver la perception du risque dans ces pays et à dégrader leur notation.

La dette africaine pâtit du fait qu'elle est traitée aujourd'hui de façon séparée : chaque État est seul pour faire face à ses obligations de décaissement des intérêts de ses emprunts. Face à ses créanciers, il n'a qu'une marge réduite de négociation pour restructurer sa dette. Si, en revanche, celle-ci était consolidée au niveau continental et si les bailleurs acceptaient de n'avoir qu'un interlocuteur unique, l'UA ou le groupe des pays endettés les plus importants, il en irait autrement. Défendant leurs intérêts d'une seule voix, cet interlocuteur unique pourrait peser plus efficacement sur la restructuration de la dette continentale.

Il faudra beaucoup de volonté de part et d'autre pour y parvenir. D'un côté, il faudrait que les États africains renoncent provisoirement à leur souveraineté financière et, de l'autre, que les bailleurs renoncent momentanément à leurs prérogatives pour prendre le parti du développement de l'Afrique. Sur le long terme, ils ne seraient pas perdants, leur intérêt bien compris étant d'avoir comme client un continent en croissance. Ce choix est à notre portée et les conflits, notamment commerciaux, qui se nouent au niveau planétaire entre grands blocs devraient nous inciter tous à avancer sur cette voie.

Si l'on prend l'exemple de l'Europe après la Seconde Guerre mondiale, on voit bien qu'après le plan Marshall, le remboursement des dettes qu'elle avait contractées s'étendait sur des décennies, voire un siècle. L'Afrique, elle, n'a jamais bénéficié de ce type de plan ni de dettes s'étalant sur trente ou cinquante ans afin de lui permettre de financer ses structures – industrialisation, électrification, systèmes de santé et autres infrastructures énergétiques, ferroviaires ou routières –, exactement comme l'Europe a dû reconstruire les siennes détruites par la guerre. Pour financer nos besoins en chemins de fer, en barrages, en routes et autoroutes, en moyens de transport urbains, il nous faut des crédits étalés sur trente ou cinquante ans, avec des taux de 1,5 ou 2 %. La responsabilité des agences de notation est fondamentale à cet égard.

C'est principalement, du point de vue de ces agences, l'absence ou l'insuffisance de données qui pose problème, comme je l'ai évoqué plus haut. Aujourd'hui encore, les investisseurs sont influencés par l'idée que l'Afrique reste un continent trop instable politiquement avec pour corollaire un manque de visibilité sur le long terme. Leur connaissance des capacités de remboursement des pays ou des projets dans lesquels ils pourraient investir reste imparfaite et parcellaire. Le fait que les agences aient compris que leur méthodologie soit remise en cause est un point positif. Je pense qu'elles vont évoluer d'elles-mêmes vers plus de transparence, de précision et de rationalité dans leur système de notation.

Leur méthode actuelle n'est probablement pas le résultat d'une mauvaise volonté de leur part. Elle est uniquement le produit d'un système qui a été bâti en 1945, très loin des réalités actuelles, qu'elles soient propres à l'Afrique ou à l'état du monde. Les faits ont depuis longtemps prouvé que tout système obéit aux intérêts de ceux qui l'ont créé. C'est une constante des organisations humaines. Faire admettre aux agences qu'elles doivent aujourd'hui tenir compte de la réalité globale de chaque pays est un combat que l'Afrique doit mener pour bâtir plus solidement son avenir. L'objectif doit être de les amener à réformer leur méthodologie pour travailler sur la base d'une collaboration plus étroite avec les

États emprunteurs et d'une plus grande objectivité en permettant notamment à ceux-ci de participer plus activement au processus de notation.

Les grands bailleurs internationaux, le FMI, la Banque mondiale et les autres banques multilatérales ont évidemment un grand rôle à jouer dans cette nécessaire remise à niveau. Le premier est dirigé par une directrice générale, l'Européenne Kristalina Georgieva, et par un conseil d'administration de vingt-cinq membres dont cinq administrateurs nommés par les pays qui détiennent les quotes-parts les plus élevées – États-Unis, Japon, Allemagne, France et Royaume-Uni. Suivent la Chine, la Russie et l'Arabie saoudite.

Cela signifie que la politique du FMI, définie par ses administrateurs, est *de facto* entre les mains de ses principaux membres les plus importants qui définissent et déterminent ses orientations stratégiques. Je sais que ces pays, comme le conseil d'administration du FMI et sa directrice générale, sont attentifs au développement de l'Afrique mais, en vertu d'une gouvernance établie au siècle précédent, force est de constater qu'ils ne lui font guère de place en son sein. Avec pour conséquence que nos besoins ne sont pas suffisamment pris en compte, même si un siège supplémentaire a été créé, le 25 octobre 2024, pour l'Afrique subsaharienne.

On pourrait faire le même constat pour la Banque mondiale, dirigée depuis l'origine par un président américain et où l'influence américaine en matière de développement – une des raisons d'être de la Banque – reste prépondérante. L'épisode de la réallocation partielle des droits de tirage spéciaux (DTS) émis par le FMI illustre assez bien les blocages auxquels les Africains sont contraints. En août 2021, le FMI a approuvé une allocation de DTS pour l'équivalent de 650 milliards de dollars d'actifs de réserve. Pour les Africains, ces DTS présentent l'avantage de leur fournir des devises sans contracter de dette supplémentaire. L'idée était de soutenir financièrement les économies des États membres après la crise du covid. Nous étions à l'évidence les pays qui en avaient le plus besoin. Or, en vertu du système des quotes-parts, ce sont les pays les plus développés qui ont le plus bénéficié de cette allocation de DTS, alors même qu'ils pouvaient faire appel à d'autres mécanismes financiers en leur possession.

Quelques mois plus tôt, en novembre 2020, le débat a toutefois été engagé pour la réallocation des DTS. Des pays volontaires comme le Canada, la France et le Royaume-Uni se sont engagés à réallouer au moins 20 % de leurs droits. Le Japon a promis 4 milliards de dollars, soit 10 % de ses droits, et la Chine s'est engagée sur 10 milliards de dollars de réallocation. Il importe de saluer ici le travail remarquable du FMI pendant la pandémie de covid-19 avec des instruments innovants de soutien aux pays en développement.

Tout cela montre, comme je l'ai souligné devant mes pairs de l'UA, « que nos efforts de développement ne pourront prospérer tant que perdureront certaines règles et pratiques de la gouvernance économique et financière mondiale. Certes, nous avons la responsabilité première de créer les conditions de développement de nos pays, mais notre sort dépend aussi d'institutions et règles d'après-guerre qui ne prennent pas suffisamment en compte les besoins et intérêts de nos pays ».

À défaut de pouvoir réformer à brève échéance la gouvernance des institutions financières de Bretton Woods, l'Afrique disposerait d'un bon moyen de financer ses investissements d'avenir en mobilisant l'épargne africaine. L'idée a été soulevée par un jeune entrepreneur camerounais, auparavant analyste au Nasdaq, Boum III Jr. Alors qu'il travaillait à New York, il a constaté que les données collectées ne concernaient que 1 % des marchés africains et que celles-ci portaient pour 90 % sur l'Afrique du Sud. Il en a déduit deux choses. D'une part que les autres économies africaines manquaient de dynamisme, d'autre part que l'investissement sur le continent restait très peu accessible. Il a ajouté, à l'occasion du sommet financier africain de Casablanca de décembre 2024 consacré au marché des capitaux, que « chaque année des milliers d'opportunités restent hors de portée, faute de données accessibles et de structuration ».

Les Bourses africaines étant de taille trop modeste et ne cotant qu'un nombre limité d'entreprises, ce jeune entrepreneur a eu l'idée de dépasser ce handicap en créant une plateforme d'investissements, Daba, qui permettra à tous – « du vendeur de beignets à l'investisseur traditionnel » – d'investir facilement dans les entreprises africaines et de participer ainsi au développement du continent. Son objectif est de mieux mobiliser les capitaux privés, modestes ou importants, pour renforcer les institutions financières africaines. Or, la Banque mondiale estime que l'épargne africaine se monte à 500 milliards de dollars. Auxquels s'ajoutent les 90 milliards de dollars des transferts de fonds des diasporas.

Une telle manne financière locale pourrait être sollicitée par les États et les entreprises, et leur éviterait de faire appel aux marchés extérieurs. D'après Boum III Jr, grâce à une plus grande « liquidité des marchés locaux, les gouvernements pourraient réduire leur dépendance aux eurobonds coûteux et aux primes de risque élevées ». Avec l'avantage de diminuer leur dette extérieure et de moins peser sur leurs économies.

L'Afrique offre des rendements attractifs et présente toutes les garanties pour attirer les investisseurs, grands ou petits[1].

Voilà un exemple parmi d'autres du dynamisme des milliers de jeunes entrepreneurs africains. Leur formation internationale – Boum III Jr est diplômé de HEC et de la Chicago Booth School of Business –, leur esprit d'entreprise et d'initiative, et leur parfaite connaissance de nos atouts économiques constituent une réponse prometteuse aux enjeux de développement et à tous ceux qui doutent encore de l'Afrique. Il nous faut agir aussi à l'échelle du continent sur la mobilisation des ressources domestiques en augmentant à terme d'au moins 25 % le taux de pression fiscale par un élargissement équitable de l'assiette fiscale. Une telle réforme passera nécessairement par une digitalisation intégrale des régies financières de nos administrations.

Nos perspectives de développement ne se heurtent pas seulement aux difficultés de financement que je viens d'évoquer. On va voir comment elles sont parfois directement remises en cause par des partisans de la décroissance et des enjeux climatiques.

1. Clara Galtier, « "Du vendeur de beignets à l'investisseur institutionnel" : à Casablanca, la finance mondiale veut doper les marchés africains », *Le Figaro*, 15 janvier 2025.

CHAPITRE 18

Les enjeux climatiques contre le développement de l'Afrique ?

Longtemps considéré comme le parent pauvre du développement, continent le moins développé de la planète, l'Afrique offre aujourd'hui un visage radicalement différent de celui de la fin du siècle dernier. Son PIB total en 2023 de plus de 3 000 milliards de dollars le prouve. Depuis des décennies, elle a mis les bouchées doubles pour faire évoluer son économie et approcher un niveau de développement susceptible de nourrir et de retenir sa population, et de rivaliser dans l'avenir avec d'autres économies émergentes. En attendant de pouvoir le faire, un jour proche, avec celles des pays développés.

Les progrès restent malheureusement très inégaux et varient selon les grandes zones économiques. Autant, par exemple, l'Afrique australe a réussi à développer une importante industrie manufacturière en aval de l'exploitation minière, notamment autour de l'acier et du raffinage de métaux rares, autant l'Afrique centrale, elle, n'y est pas parvenue, en particulier à cause du manque d'infrastructures. Autre divergence dans le développement, la disparité entre l'Afrique de l'Est et celle de l'Ouest. La première s'est rapidement tournée vers la transformation numérique de ses entreprises, ce qui a augmenté sa productivité dans les domaines de la santé, de l'énergie et des transports, tandis que la seconde, malgré d'importants investissements dans ce domaine vital pour l'avenir, reste dominée par l'agroalimentaire.

Toutes les économies du continent souffrent toutefois du même handicap : le manque d'infrastructures de transport et d'énergie bon marché qui est, avec la faiblesse des capitaux investis, le frein principal au développement. Malgré ces difficultés, les performances du continent sont remarquables puisque son PIB a augmenté de 3,7 % en 2023 et qu'il devrait être supérieur à 4 % en 2025. Davantage, donc, que celui de l'Union européenne.

C'est pourquoi je ne peux que m'insurger contre la prétention de certains partenaires techniques et financiers, de quelques dogmatiques du climat de nous empêcher d'exploiter nos ressources énergétiques naturelles au nom du réchauffement climatique. Ce qui équivaudrait à freiner, voire à entraver notre développement économique. On peut s'interroger sur cette idéologie faussement altermondialiste qui entend refuser aux pays émergents les progrès dont elle a elle-même profité.

Ces propagandistes oublient sans doute que l'Afrique, lourdement impactée par le dérèglement climatique, est en première ligne pour le combattre et qu'elle fait des efforts considérables en la matière. Comment ne pas voir, en effet, les effets de la sécheresse sur nos terres arables, les feux de forêts et de brousse, et les vents de sable qui les tuent lentement ? Depuis 1950, l'Afrique en a perdu 65 % ! Comment ne pas voir que le désert progresse inexorablement dans la zone sahélienne ou que des îles et des kilomètres de côtes risquent d'être bientôt submergés par la montée des eaux de l'Atlantique ? Pour combattre la désertification qui touche tout le nord du continent, onze pays se sont accordés, à l'initiative de l'UA, pour ériger une immense barrière végétale, la Grande Muraille verte, qui s'étend de l'Atlantique jusqu'à la Corne de l'Afrique, sur une longueur de 7 800 kilomètres et une largeur de 15 kilomètres traversant les onze États depuis Dakar jusqu'à Djibouti. Un projet colossal financé par de nombreux organismes nationaux et internationaux. Ce n'est qu'un exemple parmi d'autres de nos efforts pour combattre le dérèglement climatique.

Nous nous sommes fixé des objectifs de développement durable (ODD) : la plupart des pays africains y contribuent à la mesure de leurs moyens. Dans le domaine de l'énergie, par exemple, si stratégique pour atteindre ces objectifs, nous ne nous basons pas uniquement sur les hydrocarbures pour produire notre électricité. Les centrales solaires ou éoliennes installées au Maroc, en Égypte, au Sénégal et au Kenya, les hydrauliques en Égypte, en Éthiopie, en République démocratique du Congo et en Côte d'Ivoire produisent déjà une électricité propre et bon marché. Les barrages en construction préconisés par l'Organisation pour la mise en valeur du fleuve Sénégal (OMVS) devraient de leur côté fournir une puissance de 2 000 mégawatts aux régions traversées. Grâce à d'autres sources d'énergie, comme la géothermie utilisée surtout au Kenya et en Afrique de l'Est, toutes ces centrales contribuent à produire une électricité décarbonée et bon marché pour le continent. Comme je l'ai rappelé dans les pages précédentes, j'ai beaucoup agi pour faciliter l'accès universel à l'électricité au Sénégal avec la mise en place des champs solaires et éoliens, notamment dans les régions les plus reculées.

Le climat, c'est aussi la protection de la nature. Beaucoup d'écologistes semblent l'avoir oublié en préférant se focaliser sur des interdits insoutenables. Dans ce domaine aussi, l'Afrique prend toute sa part. Tous les Africains savent ce qu'ils doivent à la nature. Ils la respectent et l'honorent à travers toute une gamme d'anciens rites et traditions qui, au moment où l'activité humaine la met en danger, retrouvent un écho certain. Ils savent comment la protéger et la sauvegarder. Il n'y a pas un pays, pas une région – qu'elle soit touristique ou non – qui ne possède un parc national ou une réserve naturelle.

La protection de la nature est depuis très longtemps une constante des politiques menées par les gouvernements, quelle que soit leur couleur politique. Il serait équitable que notre action pour préserver la faune et la flore, dont le monde entier célèbre la richesse et la diversité, soit mieux prise en compte quand il s'agit de mesurer les efforts de chacun en matière d'environnement. Quand le Kenya ou l'Afrique du Sud investissent pour sauvegarder des espèces menacées comme les éléphants ou les rhinocéros, ou quand le Gabon, le Congo ou le Rwanda protègent les gorilles de leurs forêts primaires, j'estime que les fonds qu'ils consacrent à cette préservation devraient leur valoir plus d'encouragements que d'injonctions écologiquement correctes. De plus, nul ne doit ignorer que l'Afrique est le deuxième plus grand poumon de la planète après l'Amazonie. Son potentiel d'absorption du carbone est un capital inestimable pour décarboner la planète. Sans parler des capacités hydroélectriques de ses fleuves.

Une justice climatique responsable voudrait d'ailleurs qu'un continent qui contribue pour moins de 4 % aux émissions de gaz à effet de serre ou de carbone, et qui en souffre autant que les autres, ne soit pas condamné à s'endetter pour réparer et prévenir des dommages dont il n'est pas responsable. En effet, l'essentiel des projets verts lancés en Afrique sont financés par la dette alors qu'ils devraient l'être par la mobilisation des 100 milliards de dollars par an pour financer l'action climatique qui ont été convenus depuis la COP15 de Copenhague en 2009 et signés avec l'accord de Paris sur le climat lors de la COP21 en 2015. Ils devraient soutenir une transition énergétique juste et équitable en ne mettant pas de frein à l'exploitation de nos ressources. Elle seule peut satisfaire nos immenses besoins d'industrialisation à des coûts compétitifs et, parallèlement, proposer à tous l'accès universel à l'électricité dont près de 600 millions d'Africains restent encore privés.

L'exemple de la Banque européenne d'investissement (BEI) est symptomatique d'une forme de fanatisme climatique qui contredit tous les modèles de développement que l'on propose pour l'Afrique. Ils reposent sur quelques piliers majeurs dont la productivité agricole et l'industrie agroalimentaire, l'exploitation des richesses naturelles, la maîtrise de l'énergie, l'accès généralisé à l'eau et à l'assainissement et la construction d'infrastructures. Mais si, au nom d'une préservation maximaliste de l'environnement, les Africains n'ont pas toute latitude pour exploiter comme il se doit les ressources de leur sous-sol, comment pourront-ils accélérer l'industrialisation de leurs économies, préalable incontournable à leur développement ?

Ainsi, la BEI ne finance plus l'extraction des énergies fossiles. Pourquoi ? Parce que les États qui la composent l'ont décidé. Dès lors, ma question est simple : pourquoi ces mêmes États nous enjoignent-ils de nous développer d'un côté tout en nous empêchant de le faire de l'autre ? Cette décision est symbolique de ce que j'appellerais l'injustice climatique. Elle instaure un déséquilibre dont les pays en développement, en particulier africains, sont les premiers à pâtir. Il est profondément injuste de vouloir empêcher certains pays d'exploiter les ressources en hydrocarbures de leur sous-sol ou leur zone économique maritime, alors même qu'ils sont loin d'être les principaux émetteurs de CO_2. Cette contradiction fondamentale entre une défense du climat poussée à son extrême et les réalités est l'expression d'une forme d'obsession qui s'est emparée de certaines élites « vertes » dans les pays industrialisés. Ce sont les mêmes qui plaident pour la décroissance sans imaginer que celle-ci serait source d'appauvrissement pour eux et de plus grande pauvreté pour nous.

Nous devons par conséquent ouvrir un débat politique et technique avec les chefs de gouvernement des pays industrialisés pour les amener à modifier les règles des banques multilatérales en matière d'investissement. Plaidoyer qui devra atteindre les opinions publiques pour les convaincre du bien-fondé de nos arguments. Je sais que, dans leur grande majorité, elles sont favorables au développement de l'Afrique et sont loin d'adhérer aveuglément à un environnementalisme punitif.

Vouloir par manque de discernement nous interdire donc d'exploiter nos énergies fossiles est aussi inéquitable qu'irresponsable. Les Africains sont tous d'accord pour considérer que les énergies fossiles sont une des causes de la dégradation du climat et des émissions de gaz à effet de serre. Mais les pays industrialisés qui sont principalement à l'origine de cette dégradation depuis un siècle et demi, voire davantage si l'on prend en compte l'utilisation du charbon dans l'industrialisation de l'Europe, que font-ils ? Ils continuent d'utiliser largement charbon, pétrole et gaz pour faire tourner leurs économies.

Je comprends qu'ils ne soient pas prêts à les sacrifier sur l'autel de l'écologie mais j'accepte beaucoup moins qu'ils exigent que nous sacrifiions les nôtres avant même qu'elles se soient déployées. Le dogmatisme et le fanatisme environnementaux ont des limites !

Les États européens, les États-Unis, la Chine se sont développés grâce au charbon, au pétrole, au gaz et plus récemment au nucléaire. Certains pays utilisent encore massivement le coke, obtenu par pyrolyse du charbon, en sachant pertinemment quels dégâts font ses émissions de CO_2. Leur réussite économique, les progrès innombrables qu'ils ont accomplis doivent beaucoup aux hydrocarbures. Sans eux, ils n'auraient pas atteint leur niveau actuel de développement. Dans ces conditions, comment peut-on demander à des pays, à un continent tout entier dont la moitié de la population n'a pas encore accès à l'électricité et qui possède dans son sous-sol du pétrole, du gaz, de la géothermie, de ne pas financer leur extraction et leur exploitation ?

Cette injustice est d'autant plus criante qu'aux États-Unis, par exemple, la nouvelle administration a décidé de forer massivement, comme en témoigne la deuxième sortie des États-Unis de l'accord de Paris. Les compagnies américaines vont donc tirer de leur sous-sol encore plus de pétrole et de gaz alors que tout est fait pour entraver nos propres forages.

L'Afrique, bien qu'elle soit très peu responsable de la pollution de la planète, a démontré depuis longtemps qu'elle s'était beaucoup impliquée dans les énergies alternatives. Elle n'a pas attendu pour investir dans les énergies renouvelables, le solaire, l'éolien, la géothermie, l'hydrogène vert et l'hydroélectricité. Le continent dispose de ressources extrêmement puissantes pour cette source d'énergie. Les barrages d'Inga 1 et 2, sur le fleuve

Congo en RDC, les grands projets de centrales de Rufiji en Tanzanie ou de Koysha en Éthiopie en sont des exemples. Sans parler du mégabarrage Grand Inga qui pourrait fournir le tiers des besoins en électricité du continent avec ses 39 000 mégawatts. Il faudrait auparavant investir la somme considérable de 20 à 30 milliards de dollars pour le construire, ce que, à ce stade, peu d'entreprises ou de pays sont en mesure de mobiliser.

Que les choses soient claires : si l'on ne veut pas que l'Afrique exploite davantage ses ressources naturelles en hydrocarbures, il faut décider deux choses en parallèle. D'une part, l'accompagner dans sa politique d'adaptation en faveur d'un mix énergétique plus vert ; d'autre part, exiger des pays développés qu'ils baissent drastiquement leurs pollutions. Alternative qui serait lourde de conséquences pour eux mais aussi pour les émergents puisqu'elle leur imposerait de changer de modèle. Il faut donc promouvoir à la fois une politique d'adaptation pour les pays en développement et une politique volontariste d'atténuation pour les pays développés.

Le même genre de raisonnement abusif conduit certains responsables à croire que les véhicules électriques seront une des meilleures solutions pour une économie décarbonée. On peut en douter puisqu'ils ne représentent qu'une partie de la solution et que, sans l'Afrique, cette solution n'a aucune chance de se concrétiser à très grande échelle. C'est elle, en effet, qui détient une grande partie du lithium et des métaux rares dont les constructeurs automobiles et aéronautiques ont besoin. Mais si on l'empêche de les extraire et de les raffiner sur son sol, comment faire ?

Je suis évidemment partisan d'un développement accéléré des énergies renouvelables grâce à l'innovation – solaire, éolien, hydrogène –, mais il nous faut une base pour la stabilité des réseaux et les coûts de production. Dans cette perspective, je salue la naissance d'une nouvelle initiative pour le développement de l'énergie nucléaire à grande échelle (Nuclear Scalling Initiative) qui vise à renforcer la production électrique par le nucléaire avec un objectif de 50 gigawatts par an d'ici les vingt prochaines années. L'Afrique est partie prenante dans cette transition énergétique, mais encore faut-il l'accompagner avec des financements concessionnels. Le mécanisme du Partenariat pour une transition énergétique juste (Just Energy Transition Partnership – JETP) en est un. Le Sénégal est un des rares pays à avoir été choisis pour bénéficier de ce mécanisme pilote, après l'Afrique du Sud, le Vietnam et l'Indonésie.

Mis en place, en juin 2023, à l'occasion du sommet pour un nouveau pacte financier par la France, l'Allemagne, le Royaume-Uni et le Canada, le JETP soutient les efforts que nous faisons pour consolider, dans chacun de nos quatre pays, un système énergétique sobre en carbone, résilient et durable. Il permettra aux partenaires, aux banques multilatérales, aux investisseurs privés et aux fonds souverains de participer à l'accélération des énergies renouvelables en mobilisant 2,5 milliards d'euros sur cinq ans. Pour le Sénégal, le JETP contribuera à porter à 40 % la part des énergies renouvelables dans son mix énergétique en 2030. Nous avions déjà atteint 31 % en 2024 quand j'ai quitté la présidence.

Pour y parvenir, notre pays peut utiliser son gaz naturel comme énergie de transition dans la perspective d'un développement sobre en carbone et résilient aux changements climatiques. Au-delà, nos partenaires reconnaissent notre ambition de donner toute sa place à l'innovation par l'accélération de la formation et de la recherche & développement, et de créer un hub régional. Les mots que j'ai prononcés lors de la signature du partenariat à l'Élysée étaient on ne peut plus clairs sur nos ambitions. J'avais notamment dit que les crises que nous vivions – et que nous vivons encore – mettaient en difficulté les économies africaines « dans leurs efforts consacrés au développement économique, à l'accès à l'énergie et à l'industrialisation ». J'ai ajouté que le Sénégal avait depuis plusieurs années lancé grâce à ses ressources naturelles une dynamique d'incorporation d'énergies renouvelables dans son mix énergétique.

Les engagements que j'ai pris, ce jour-là, au nom de mon pays montrent combien je suis personnellement impliqué dans la problématique du climat. J'y ai travaillé au double titre de chef de gouvernement puis de président de la République, et continue d'y travailler en tant qu'ingénieur spécialisé dans les hydrocarbures. Cette double compétence m'a permis de connaître les problématiques de l'énergie ainsi que les réalités économiques et techniques du secteur. Un avantage non négligeable lors des négociations internationales sur ce sujet.

Il me permet aujourd'hui de mettre mon expérience au service d'un organisme dont la présidence du conseil de surveillance m'a été confiée en 2024 : le Centre mondial sur l'arrangement où j'ai succédé à l'ancien secrétaire général Ban Ki-moon dont je salue toujours l'engagement climatique.

CHAPITRE 19

Militer pour l'adaptation au changement climatique

Le changement climatique impose aux États, aux entreprises et aux sociétés de s'adapter à ce qui constitue une nouvelle réalité politique, économique et humaine. On en constate tous les jours les conséquences dramatiques : incendies géants en Californie, au Canada ou en Grèce, pluies diluviennes et inondations à Valence en Espagne, tempêtes d'une violence inouïe au Royaume-Uni, désertification en Afrique subsaharienne et dans le nord de la Chine, pour ne citer que les exemples les plus récents. Pour les pays développés, cette adaptation exige d'importants changements de paradigmes dans la manière de produire, de transporter, etc., et il est facile d'imaginer les difficultés qu'affrontent les pays en développement pour s'adapter, eux aussi. Leurs capacités humaines et financières étant très limitées, il faut les aider à mettre en place les instruments de leur adaptation au changement climatique.

Malgré ses moyens modestes, le Sénégal y est en partie parvenu : participation à la Barrière verte, moyens de transport peu énergivores, recherche d'énergies alternatives et électrification du pays profond pour stopper l'usage du charbon de bois. Après avoir quitté mes fonctions, j'ai voulu continuer dans cette voie et reprendre, en quelque sorte, mes habits de militant pour promouvoir une prise de conscience plus large et partagée de cette problématique. Engagé au sein du 4P créé par le président Emmanuel Macron à l'occasion du sommet de Paris pour une nouvelle architecture financière internationale en juin 2023, j'ai été l'envoyé spécial du Pacte à l'international. Les trente-deux pays qui y ont participé – africains, latino-américains, Inde, États-Unis et Arabie saoudite – étaient tous confrontés à la même question : comment financer le développement durable et la transition énergétique et climatique des pays en développement ou émergents ? Le 4P a été conçu pour y répondre.

Ses objectifs étaient et restent parfaitement en phase avec les idées que je souhaitais défendre. Il reposait sur une idée aussi simple que fondamentale : aucun État ne devrait être obligé de choisir entre le développement et le climat. Autrement dit, tous les pays ont droit au développement et nul ne doit avoir à trancher entre les peuples et l'environnement. Autre principe émis par le 4P : chaque État est libre d'adopter la stratégie de transition qui lui paraît la plus adaptée pour atteindre les objectifs de l'accord de Paris sur le climat.

Le 4P met aussi l'accent sur le fait que lutter à la fois contre la pauvreté et pour la préservation de la planète est un défi pour les États émergents ou en développement. Les règles actuelles de la gouvernance mondiale ne permettant pas un accès équitable aux financements, il propose de réorienter les fonds privés vers le soutien à ces objectifs. Ce constat met en lumière les contradictions intrinsèques de l'architecture financière internationale et que l'on peut formuler ainsi : comment peut-on financer des projets de développement tout en prônant une économie plus décarbonée ? Ce paradoxe amène inévitablement à s'interroger sur la nécessité d'une réforme de l'architecture financière internationale.

Le Pacte compte aujourd'hui soixante-treize pays. C'est une douzaine de plate-formes permettant à tous les pays industrialisés comme ceux à faibles revenus de se parler sans contraintes. Une grande différence avec l'ONU où, pour schématiser, il y a les Cinq Grands du Conseil de sécurité et les autres. Même chose à la Banque mondiale ou au FMI où seuls les grands actionnaires comptent et non les autres. Donc, le débat est vite tranché… Selon les termes du 4P, au contraire, tous sont sur un pied d'égalité, conscients que seul un dialogue franc et sérieux permettra de surmonter les fractures existantes.

C'est un bon exemple de ce qu'il faudrait obtenir des « Grands États » : qu'ils lâchent du lest, eux qui ont toujours le dernier mot. Aucun chef d'État de moindre importance ne leur demande de renoncer à leur pouvoir de décision. Ils réclament seulement que les « géants » ménagent plus de place aux autres afin que le monde soit vraiment multipolaire et plus équitable. Les Brics, comme nous l'avons constaté à Kazan, attirent beaucoup ces États qui se sentent mal pris en compte et constituent aujourd'hui un nouveau pôle. Cette polarité inédite montre combien le besoin d'inclusivité de très nombreux pays est grand, ce qui devrait inciter davantage les dirigeants des grands blocs traditionnels à y réfléchir.

Le 4P a été aussi l'occasion de former des groupes de travail autour de thématiques fortes comme la dette, la résilience climatique ou le *clean cooking*, une énergie alternative au charbon de bois, très polluant, encore utilisé de façon intensive en Afrique pour cuisiner. Parmi ces thèmes, celui des impacts respectifs du climat sur le développement et, inversement, du développement sur le climat tente de trouver des réponses à une préoccupation majeure des pays en développement : pourront-ils tenir compte des effets du climat dans le remboursement de leur dette ? Rapidement devenu un interlocuteur écouté, y compris par les agences de notation, le 4P s'efforce de trouver des solutions adaptées.

Lorsque j'ai eu l'honneur d'être nommé président du conseil de surveillance du Centre mondial sur l'adaptation (Global Center on Adaptation, GCA) lors de la 79e Assemblée générale de l'ONU en septembre 2024 pour succéder à l'ancien secrétaire général des Nations unies, Ban Ki-moon – avec le dévouement et l'engagement du professeur Patrick Verkooijen, j'ai dû renoncer à ma fonction d'envoyé spécial du 4P. Mais avant de partir, j'ai créé le groupe des leaders avec les présidents français, brésilien, mauritanien, les Premiers ministres britannique, marocain, espagnol et d'autres chefs d'État et de gouvernement pour porter un plaidoyer commun au cœur des grandes rencontres internationales comme le G20 ou le G7.

Plus personne ne peut nier que le changement climatique nous force à adapter nos modes de vie et de production si l'on veut freiner son impact sur les sociétés humaines, en particulier les plus fragiles. Une des réponses de la communauté internationale est justement incarnée par le Global Center on Adaptation, fondé en 2018 et dont les deux sièges se situent à Rotterdam et à Nairobi. Sa mission est d'aider les États les plus désarmés à s'adapter au changement climatique, puisqu'ils sont les moins préparés à subir les impacts du réchauffement du climat sur leur système économique ou de santé publique. Sur le plan pratique, le GCA réunit gouvernements, banques et agences de développement, secteur privé et universités pour identifier et dépasser les obstacles techniques ou administratifs qui freinent ou empêchent cette adaptation. Une adaptation mieux maîtrisée au changement climatique est devenue une des conditions pour le développement durable.

J'ai eu l'occasion d'insister sur l'importance de la coopération internationale pour financer l'adaptation au changement climatique. Convié au forum de la Saudi Green Initiative le 4 décembre 2024 à Ryad, j'ai insisté sur la nécessité de renforcer les capacités des pays africains à mieux maîtriser le fonctionnement des financements dont ils ont besoin. Tous n'ont pas la même capacité à maîtriser ces mécanismes sophistiqués dont leur administration ne connaît pas nécessairement les complexités ou les exigences. En prenant l'exemple du marché des crédits carbone, j'ai plaidé ainsi pour que celui-ci soit rapidement plus compréhensible, plus transparent et plus équitable, en rappelant que les Africains avaient lancé leur propre marché du carbone, soutenu par la BAD, l'Afreximbank et l'African Business Forum, avec un objectif de trois cents millions de crédits carbone. C'était la garantie que les ressources allouées à la lutte contre le changement climatique bénéficieraient vraiment aux communautés les plus vulnérables.

J'ai également demandé que les pays africains soient davantage intégrés dans les cycles de négociations climatiques et puissent y faire mieux valoir leurs points de vue. Bien qu'ils soient très peu à l'origine des émissions mondiales de CO_2, ils sont beaucoup plus touchés par le changement climatique que les principaux émetteurs en raison de leur fragilité même. À cela s'ajoute le fait que les financements promis ne sont pas toujours adaptés aux réalités locales ni aux priorités du développement durable. Dans le cas de l'Afrique subsaharienne, cette réalité porte un nom : la désertification qui menace 65 % des terres arables. La Grande Muraille verte que nous édifions en plantant massivement arbres et végétaux ne suffira pas à la combattre. Si l'on veut atteindre zéro émission en 2060, nous devons soutenir plus massivement les projets agro-sylvo-pastoraux qui contribuent à la protection et à la restauration de la biodiversité dans les zones rurales. Nous devons aussi développer des systèmes de transports urbains décarbonés ou tout au moins électriques.

Le GCA a ainsi pris l'initiative de mobiliser avec la BAD 25 milliards de dollars sur cinq ans pour le programme Adequat Funding for African Adaptation Acceleration Program (3AP) destiné à accélérer les mesures d'adaptation climatique sur le continent africain, y compris les projets verts. Toutefois, les pays développés qui financent la plupart de ces projets verts ont recours à la dette, en l'absence de mise en œuvre adéquate d'accord sur le changement climatique. Cet exemple montre, une fois de plus, que l'Afrique doit combler rapidement deux lacunes qui pèsent sur la gestion de ses emprunts et de ses financements.

Elle doit d'abord renforcer ses capacités institutionnelles et humaines. En d'autres termes, disposer d'un nombre plus important d'institutions accréditées pour les fonds fléchés vers le climat et former plus d'experts pour monter l'ingénierie de ces financements. Je reviendrai plus loin sur cet aspect des choses. Ensuite, elle doit avoir davantage recours aux *concessional borrowing terms* pour ses emprunts, dont les conditions sont plus intéressantes que celles du marché, et parvenir ainsi à s'attaquer plus efficacement à ses priorités climatiques et à la pauvreté.

CHAPITRE 20

Le temps de l'industrie

Exiger de l'Afrique qu'elle sacrifie son développement aux enjeux climatiques non seulement serait, comme je l'ai expliqué, très injuste pour ses peuples et leur avenir, mais constituerait aussi une erreur qui fragiliserait l'équilibre du monde. Personne n'ignore que le continent est un des plus grands pourvoyeurs de matières premières de la planète. Elles s'y trouvent de manière si abondante qu'on parle même de scandale géologique dans le cas de certains pays comme la République démocratique du Congo, ce qui explique d'ailleurs les nombreuses convoitises dont elle est l'objet. Détenant les plus grandes réserves des principaux minerais – manganèse, platine, or, cobalt, titane, lithium, etc. – dont les industries mondiales ont besoin, l'Afrique occupe une place incontournable dans les chaînes actuelles d'approvisionnements et encore plus dans celles de demain.

Son sous-sol recèle bon nombre de ces fameuses terres rares sans lesquelles aucune transition écologique ne serait possible et qui sont indispensables, aujourd'hui, pour faire fonctionner smartphones, voitures électriques, panneaux photovoltaïques et, demain, avions et navires électriques et ordinateurs, sans parler des matériels de défense – missiles, drones, satellites, etc. – qui en sont des consommateurs de plus en plus gourmands. Dans ce domaine comme dans d'autres, le monde de demain se construira avec et grâce à l'Afrique.

Les ressources minières ne sont pas les seules à être questionnées par les tenants de la décroissance. L'exploitation de nos hydrocarbures fait débat au moment même où, comme je l'ai rappelé, les récentes découvertes off shore de gaz et de pétrole au large de l'Ouest africain – gaz de GTA et pétrole de Sangomar avec des réserves estimées à 630 millions de barils – laissent espérer à des millions de Mauritaniens, de Sénégalais, d'Ivoiriens, etc., et plus largement à tous les habitants de la Cedeao de meilleures conditions de vie et un avenir plus souriant. En s'ajoutant aux réserves considérables du Nigeria, de l'Angola, d'Algérie et autres grands pays producteurs, ces réserves renforcent la place occupée par l'Afrique dans le groupe des grands producteurs d'hydrocarbures et représentent un levier majeur pour le développement de toute cette partie-là du continent. Au-delà, et puisque la fin du pétrole est encore loin d'être une réalité, ces gisements sont une manne dont personne n'a le droit de nous priver.

L'exploitation de ces ressources, notamment minérales, nous a valu et nous vaut encore beaucoup de critiques. Des ONG, des institutions, des mouvements politiques sont nombreux à dénoncer les conditions de travail des mineurs dans plusieurs sites d'Afrique du Sud ou de la RDC. C'est une réalité que nous ne nions pas. Je suis le premier à dire que les mines sont exploitées de façon souvent inhumaine. Il est évident que ces conditions doivent être considérablement améliorées et certaines pratiques interdites.

Mais tant que des pans entiers de populations resteront pauvres et indigents, personne ne pourra empêcher hommes, femmes et enfants de venir travailler dans des mines dûment enregistrées mais aussi clandestines où ils risquent leur vie tous les jours pour des salaires de misère. Les exploiteurs de la détresse humaine ne pourront plus utiliser cette main-d'œuvre quasiment gratuite le jour où un code minier africain et non plus seulement national sera imposé à toutes les compagnies opérant sur le continent. Les législations minières et pétrolières en vigueur leur sont encore aujourd'hui trop favorables pour demeurer en l'état. Il nous appartient de les faire évoluer pour qu'un pourcentage plus important des revenus revienne à l'Afrique et profite en priorité aux Africains. La transparence et le respect des codes doivent être la règle dans les contrats d'exploitation. Je pense notamment au travail des enfants. Il est insupportable que des gamins travaillent dans des mines à ciel ouvert ou souterraines comme on le voit trop souvent. La place des enfants est à l'école, pas dans les mines.

La question de l'exploitation minière a provoqué depuis plusieurs années une autre polémique. Celle qui prétend que l'Afrique serait tombée aux mains de la Chine et que les Africains seraient devenus les vassaux de Pékin. En particulier dans ce domaine, sans doute y a-t-il quelques vérités sur les conditions de travail ou de salaire des travailleurs africains, mais cela ne suffit pas à jeter l'opprobre sur l'histoire des relations entre l'Afrique et la Chine, ni à vouloir accuser Pékin de piller le continent. Les relations entre la Chine et l'Afrique remontent aux temps les plus anciens comme en témoignent les porcelaines et pièces de monnaie chinoises datant des IXᵉ et Xᵉ siècles qui ont été retrouvées en Afrique de l'Est. La République populaire de Chine est présente sur le continent depuis les années 1950 avec le mouvement des non-alignés et la conférence de Bandung accueillie par le président Soekarno en présence de Zhou Enlai, de Nasser et de Nehru. À l'époque, la compétition entre la Chine et l'URSS pour la libération des peuples était très vive puisque Pékin et Moscou se disputaient le leadership du tiers-monde. Les liens tissés alors avec de nombreux États africains ont perduré malgré les vicissitudes de l'Histoire : révolution culturelle pour l'une, chute de l'URSS pour l'autre. À la faveur de son développement économique spectaculaire, la Chine a redonné toute leur vigueur aux relations sino-africaines. Plus rapidement que les États-Unis ou même l'Europe, elle a parfaitement compris notre potentiel économique et a commencé à investir massivement dans le soutien de notre développement.

Nous avons eu besoin, en effet, de sommes considérables pour construire nos ports, aéroports, chemins de fer, routes, hôpitaux, universités, centrales électriques et autres structures vitales. La Chine nous les a prêtées à plus ou moins longs termes et à des taux d'intérêt avantageux. Comment refuser des emprunts sur vingt-cinq ou trente ans, au taux de 1 à 2,5 %, maximum amortis sur suffisamment d'années pour ne pas peser trop lourdement sur nos finances ? Tout le contraire du système classique qui passe des années à calculer les risques, à faire des simulations, à finaliser les budgets et à nous demander, en plus, d'adapter nos lois dans les domaines touchant à nos modes de vie. C'est beaucoup trop long pour les responsables politiques comme pour les peuples : les premiers ont du mal à faire comprendre aux seconds que les stades ou les hôpitaux qu'ils leur ont promis ont besoin de plusieurs années pour sortir de terre, tandis que les seconds s'impatientent au point de ne plus les soutenir. Les Chinois, eux, vont vite et ne nous parlent que d'économie.

« Le monde connaît des transformations jamais vues depuis un siècle. Le "Sud global" représenté par les Brics est en plein boom et fait l'histoire », a déclaré le président Xi Jinping lors de l'ouverture du Forum sur la coopération sino-africaine à Pékin, le 4 septembre 2024. Cette déclaration est loin d'être anodine. Elle signifie, d'abord, que la Chine se voit naturellement à la tête du Sud global et confirme ensuite qu'elle fait de l'Afrique un partenaire de premier plan, misant sur elle pour soutenir sa propre économie. Même si les prêts qu'elle lui consent aujourd'hui sont moins importants que ceux de la décennie précédente, 4,2 milliards de dollars en 2023 contre environ 60 milliards de dollars auparavant. Après les grandes infrastructures qu'elle finançait il y a peu encore, elle propose dorénavant des technologies vertes pour la transition énergétique.

Tout n'est évidemment pas parfait dans nos relations. La Chine avait promis en 2021, par exemple, d'importer pour 300 milliards de dollars de biens africains mais cet engagement ne s'est pas encore totalement concrétisé. Par ailleurs, les ressources qu'elle tire de notre sol – minerais, terres rares et bois – ne sont pas raffinées ou transformées sur place et sont exportées à l'état brut. Pourquoi ? Parce que nous ne possédons pas assez d'infrastructures ni de raffineries, par exemple, ce qui prive les économies africaines d'une importante plus-value. En résumé, l'Afrique est riche, très riche même, mais sa richesse est exportée comme tout le reste à l'étranger. Il faudrait donc que, des minerais au bois en passant par l'agroalimentaire, elle s'industrialise rapidement pour transformer sur place ses ressources en produits finis et en biens de toute sorte.

Le manque d'infrastructures, d'usines et de raffineries nous empêche d'enclencher ce cycle du développement que d'autres continents ont expérimenté. La tech en sera sans doute un des moteurs mais elle ne suffira pas à faire passer de nombreux États du stade de l'émergence à celui du développement. Sans une base industrielle solide, diversifiée et géographiquement équilibrée, le continent ne pourra jamais décoller, ni éradiquer la pauvreté, ni améliorer les conditions de vie des Africains. Seules les industries de transformation sont capables de créer les dizaines de millions d'emplois et la valeur ajoutée dont nous avons besoin.

Il suffit de prendre l'exemple de la bauxite pour le comprendre. En 2023, à l'état brut, elle se vendait 65 dollars la tonne mais 2 335 dollars après transformation en aluminium selon le FMI... À l'heure actuelle, le manque d'usine adéquate et l'insuffisance de nos capacités électriques nous empêchent de fabriquer la moindre barre d'aluminium. Les codes miniers devraient donc être revus afin que le pays d'extraction recueille une part plus équitable de la valeur ajoutée et augmente ainsi les recettes fiscales générées par l'exploitation des mines. Tous les pays miniers du continent devraient prendre ainsi exemple sur la RDC qui a modifié son code minier pour taxer les profits géants des compagnies concessionnaires qui sont parfois trop voraces, et accroître ainsi les redevances qu'elles doivent à l'État congolais. Autre exemple, l'Afrique est une grande productrice de cacao mais peu de chocolat raffiné, même si la Côte d'Ivoire, premier producteur mondial, fait de gros efforts dans ce sens. Même conclusion pour le café qu'elle cultive en quantité mais sans pouvoir le proposer aux consommateurs avec une marque mondialement connue.

Si l'on parvenait à créer suffisamment d'industries de transformation sur le continent, mais également davantage d'industries pharmaceutiques ou fondées sur la technologie et l'innovation comme le numérique ou l'assemblage, elles généreraient non seulement de la valeur ajoutée, mais des emplois et l'amélioration des conditions de vie de centaines de millions d'Africains. Il faudrait pour cela injecter beaucoup de capitaux comme les Américains l'ont fait pour reconstruire l'industrie japonaise après la Seconde Guerre mondiale ou développer celles de la Corée du Sud ou de Taïwan. C'est la condition pour que l'Afrique abrite de nouveaux pôles de croissance et devienne un acteur économique de dimension mondiale.

La BAD joue, à cet égard, un rôle fondamental. Elle est l'un des instruments les plus efficaces du financement de notre développement. L'Afreximbank, créée en 1993 pour faciliter le développement du commerce, de l'industrie et des services de paiement, réalise également un excellent travail. Néanmoins et bien que la BAD soit suffisamment solide pour financer les projets à grande échelle, il faudrait encore augmenter sa capitalisation pour qu'elle puisse les accompagner davantage. Les actionnaires non régionaux – Européens, États-Unis, Japon, etc. – pourraient augmenter leur part dans le capital sans diluer celle des Africains. Ils pourraient surtout lever certaines contraintes pour que la BAD finance notre développement sur la base de choix réellement africains, ce qui n'est pas toujours le cas aujourd'hui.

Si l'on revient au problème climatique, les instructions sur les énergies fossiles bloquent parfois la BAD sur ses projets de financement en faveur des hydrocarbures. Or, il est aussi impossible qu'illusoire de ne faire que du renouvelable en Afrique. Dans tout pays, il faut ce qu'on appelle un *base-load*, c'est-à-dire une énergie de base qui sous-tend la production d'électricité. Pour certains, c'est le charbon, pour d'autres le gaz, pour d'autres encore le nucléaire, comme en France. Les pics de consommation peuvent ensuite être ajustés par le recours au renouvelable. En Afrique comme ailleurs, choisir le renouvelable comme *base-load* n'a aucun sens, tout simplement parce que c'est une énergie intermittente. Sauf pour le jour où le stockage de l'énergie dans des batteries adaptées deviendra compétitif.

On voit bien que nous avons besoin d'avoir des partenaires moins dogmatiques sur cette question et beaucoup plus réalistes. C'est la condition pour que la BAD ait les coudées plus franches, notamment en dégageant des ressources plus abondantes pour les routes, les ponts, et surtout les chemins de fer qui constituent l'épine dorsale des infrastructures de développement.

Au banquet de l'universel, l'Afrique se présente avec ses ressources, son vaste territoire et ses richesses humaines. Elle attend que les autres convives lui apportent plus de capitaux et de transferts de technologies. Telle devrait être la règle du banquet du donner et du recevoir comme aimait à le dire le président Senghor. Ce n'est malheureusement pas toujours le cas.

L'Afrique n'a pas seulement besoin d'usines, de machines, d'énergie et de capitaux. Elle a surtout besoin de femmes et d'hommes formés aux finances, au management, aux sciences de l'ingénieur, aux techniques industrielles, à l'IA. Un éventail de formations et de pratiques qui passent par l'éducation et le partage des savoirs.

CHAPITRE 21

Éduquer

Un des grands défis de l'Afrique n'est pas seulement de nourrir sa population, il est aussi de l'éduquer. L'éducation est l'autre clé de son développement. Celle qui peut lui apporter le plus de progrès tout en exigeant moins de financements. Une université et ses professeurs coûteront toujours moins cher que la construction de kilomètres d'autoroutes ou de chemins de fer. Le premier quart de siècle que nous venons de traverser montre combien les sciences, les mathématiques, la tech sont devenues prioritaires pour tous les pays de la planète. La pandémie du covid-19 et la crise économique qui s'est ensuivie, le dérèglement climatique, la guerre en Ukraine avec l'apparition de milliers de drones sur le champ de bataille, l'irruption de l'IA dans nos vies quotidiennes montrent que la maîtrise des technologies est devenue une donnée vitale pour les États.

J'ai eu la chance de faire des études supérieures très spécialisées. Mes parents se sont sacrifiés pour que je puisse passer mon bac puis étudier dans le domaine qui m'attirait, la géologie. Beaucoup, dans les années 1980 au Sénégal, n'ont pas eu cette possibilité. Je n'ai pas le sentiment pour autant d'avoir été particulièrement privilégié car j'ai assuré ma part du contrat en faisant tous les efforts nécessaires pour être bien classé et mériter mes diplômes. À l'époque, études et militantisme faisaient bon ménage. D'un côté l'apprentissage des savoirs, de l'autre la formation au monde réel et aux inégalités sociales. Ce fut aussi une chance pour moi. Depuis, le nombre d'étudiants a progressé, au Sénégal comme dans toute l'Afrique. Les universités africaines accueillent près de vingt millions d'étudiants, un chiffre qui a doublé en cinq ans. Les formations qu'elles délivrent jusqu'aux doctorats s'approchent, année après année, du niveau des grandes universités américaines, européennes et asiatiques.

Les plus réputées sont sud-africaines, dont les fameuses universités du Cap et de Johannesburg, mais c'est l'Égypte qui compte le plus d'établissements avec quinze universités, dont celle du Caire, al-Azhar, également très renommée. Le Maroc offre également d'excellentes universités dont celle de Mohamed-VI-Polytechnique, UM6P, qui propose quarante-deux programmes de formations pointus. Le pays peut également être fier d'abriter l'université Al-Quaraouiyine considérée comme la plus ancienne université du monde encore en activité. Fondée en 859 par Fatima el Fihriya, une femme originaire de Kairouan en Tunisie, cette université-mosquée à Fès est reconnue par le *Livre Guinness des records* et l'Unesco pour son ancienneté et sa continuité. Les universités d'Afrique subsaharienne francophone, en s'approchant des standards des pays les plus développés du continent, seront bientôt présentes, elles aussi, dans les classements internationaux. Je l'ai dit plus haut, nos cursus en Afrique de l'Ouest sont encore trop marqués par des formations générales et ne proposent pas suffisamment de filières scientifiques ou spécialisées. Or, et c'est un ingénieur qui l'affirme, nous avons un besoin urgent de cerveaux formés aux disciplines scientifiques, à commencer par les mathématiques et les sciences de l'ingénieur (*Sciences, Technology, Engineering, Mathematics* – STEM).

Tout se joue dès l'école élémentaire. C'est là que les savoirs fondamentaux doivent être enseignés avec le plus de constance et de pédagogie pour susciter les vocations. Mon expérience d'ancien élève de l'école publique et celle accumulée tout au long de mon parcours politique m'ont fait toucher du doigt les lacunes de nos systèmes éducatifs : un nombre encore insuffisant d'écoles, de collèges et de lycées, des enseignants pas toujours suffisamment formés, des manuels scolaires pas toujours adaptés aux réalités du monde et une prépondérance des filières générales et littéraires au détriment des filières scientifiques et technologiques. C'est une véritable bataille que nous devons livrer pour combler ces retards et, au-delà, donner la priorité dans nos budgets nationaux à l'enseignement, du bas vers le haut de l'échelle éducative, de l'école aux universités et laboratoires de recherche, sans oublier la formation professionnelle complétant les différents cursus.

Il faut repenser l'enseignement de l'anglais dans les pays francophones. En effet, après le baccalauréat, nos étudiants doivent pouvoir poursuivre leurs études supérieures dans des universités du monde entier sans être confrontés à la barrière linguistique.

Mes deux mandats ont permis de renforcer l'enseignement secondaire sénégalais avec la création de 83 lycées, de 356 collèges et de 6 instituts supérieurs d'enseignement professionnel (ISEP). Dans les cycles supérieurs, 6 nouvelles universités ont été ouvertes dont l'université numérique Cheikh-Hamidou-Kane qui intègre les technologies de l'information et de la communication dans l'enseignement supérieur, ce qui n'était pas le cas auparavant. Dans le domaine de la recherche, j'ai dégagé un budget pour faire l'acquisition du supercalculateur Taouey de plus de 500 téraflops. Le Sénégal est désormais doté d'une machine qui est la troisième plus puissante du continent. Instrument et moteur de l'innovation, Taouey sera utilisé dans les domaines de l'intelligence artificielle, de l'agriculture et de la santé, au bénéfice de toute l'Afrique. Le Sénégal abrite également un des centres d'excellence du réseau de l'African Institute for Mathematical Sciences (AIMS) qui a déjà formé 2 400 étudiants à Mbour au Sénégal, au Rwanda, en Afrique du Sud et au Cameroun.

À chaque occasion, j'ai rappelé à mes homologues combien il était vital pour l'Afrique de consacrer à l'éducation le maximum de ressources, en sollicitant l'Unicef, l'Unesco, l'Organisation internationale de la francophonie et les fondations engagées dans ce domaine dont la dynamique Fondation MasterCard. En 2018, j'avais ainsi coprésidé à Dakar avec le président Emmanuel Macron la 3e conférence du Partenariat mondial pour l'éducation où avaient été conviés une dizaine de chefs d'État et une soixantaine de ministres de l'Éducation du continent. Des financements de 2,5 milliards de dollars avaient alors été mobilisés.

L'éducation doit changer de paradigme en Afrique. Après les indépendances, les pays d'Afrique de l'Ouest et du Centre avaient un besoin urgent de juristes, de gens formés aux disciplines littéraires pour prendre le relais des enseignants, administrateurs et fonctionnaires coloniaux. Nous avons persévéré six décennies encore dans cette voie, très importante à ce moment-là de notre histoire pour construire nos jeunes États. Mais, avec le temps, elle s'est révélée de moins en moins adaptée à nos besoins. Plus de soixante ans plus tard, ceux-ci ont radicalement changé. Il nous faut beaucoup moins de fonctionnaires ou d'administrateurs et beaucoup plus de scientifiques, de médecins et de techniciens.

Au Sénégal, 77 % des bacheliers sont issus des filières littéraires. Il est donc difficile de leur trouver un emploi qualifié. Nous devons prendre le même chemin que les grands pays d'Asie, comme la Chine, la Corée du Sud, le Japon, l'Inde et le Pakistan qui ont depuis des années réorienté leur système éducatif vers les sciences, les mathématiques, la technologie, l'innovation. C'est le chemin de la modernité. L'Afrique, qui a la population la plus jeune du monde, est la plus apte à s'adapter aux technologies les plus récentes et à les utiliser.

Si nous restons dans les schémas habituels, si nous continuons à dispenser une éducation classique, nous ne parviendrons pas à tirer profit de nos dividendes démographiques alors que nous allons vers un monde où une personne sur quatre, demain, sera africaine. L'Afrique abrite la main-d'œuvre future du monde mais à condition qu'elle forme cette jeunesse et lui donne les moyens d'être cette ressource stratégique dont la planète aura bientôt besoin dans un avenir proche. Promouvoir les STEM dans les collèges et dès l'école primaire est une nécessité absolue pour donner à nos enfants le goût de ces disciplines indispensables à notre avenir. Nous le leur devons. Seul un changement de méthode et de matière permettra la mutation complète de l'Afrique vers le XXIe siècle.

Il n'est pas question pour autant de renoncer aux études littéraires. Il n'est pas question pour autant de renoncer aux études littéraires, du reste très importantes pour la formation des scientifiques, ni à la littérature, lieu privilégié pour un apprentissage du temps, une ouverture à l'ailleurs. Pensons aux encyclopédistes, à Pascal, Descartes jusqu'à Pasteur, tous bons littéraires et solides scientifiques. Si j'insiste sur l'enseignement des mathématiques et des sciences, ce n'est donc évidemment pas pour dévaloriser les filières littéraires ou en sciences sociales et en minimiser l'importance. L'Afrique, comme le reste de la planète, aura toujours besoin de philosophes, d'écrivains, de journalistes, de penseurs, de légistes, d'intellectuels capables d'analyser, de comprendre le monde que nous édifions parfois sans en avoir totalement conscience, d'en dégager les grandes lignes de force, et de proposer des voies de progrès auxquelles d'autres n'auront pas pensé. Il nous faudra toujours écouter ceux qui nous rappellent les histoires et les valeurs, morales ou religieuses, sur lesquelles nos sociétés se sont construites au fil des siècles. Rabelais ne nous disait-il pas à juste titre que « Science sans conscience n'est que ruine de l'âme » ?

Nous aurons toujours besoin de ceux qui nous rappelleront le prix de nos libertés, celui de la justice sociale, celui de nos démocraties aujourd'hui plus menacées que jamais par ce qui est devenu la règle depuis quelques années : la loi du plus fort et l'absence de scrupules chez certains dirigeants désinhibés. Sur quoi s'appuient-ils ? Sur la puissance des armes, du spatial, du cyber, de la technologie, des capitaux. Et désormais sur l'IA et demain sur l'ordinateur quantique. Autrement dit, sur les sciences avec ce qu'elles offrent de meilleur et de pire.

Il faut donc renforcer résolument les filières scientifiques. J'ai créé des classes préparatoires aux grandes écoles. La première promotion, sortie en 2024, était destinée à aller dans les écoles d'ingénieurs en France, au Canada mais aussi au Sénégal. Il faut désormais le faire à l'échelle bien plus grande du continent. Nos jeunes doivent être capables, après quinze ou seize ans de scolarité, d'aller travailler dans de grands groupes internationaux, d'occuper des métiers liés au cyber, à la finance, à l'agriculture, à l'aéronautique, etc. Et qu'ils puissent aller travailler en Asie, en Amérique, en Europe, et évidemment en Afrique. C'est par le savoir, les sciences, les STEM que notre jeunesse pourra s'émanciper.

L'orientation nécessaire de nos sociétés vers les sciences dites dures ne doit pas nous faire oublier d'où nous venons et quels sont nos fondamentaux. Parmi eux, l'éducation religieuse occupe une place importante. Au Sénégal comme dans de nombreux pays de religion musulmane, une partie de la jeunesse est éduquée dans les écoles traditionnelles islamiques, les *daaras*, les madrasas. Jusqu'à mon arrivée à la présidence, l'Éducation nationale comptabilisait peu leurs effectifs dans ses calculs sur les taux de scolarisation et d'alphabétisation. Elle les considérait d'ailleurs comme des analphabètes puisqu'ils n'étaient pas scolarisés dans des écoles publiques. Des gens qui pouvaient avoir un doctorat en arabe n'étaient pas pris en compte.

À côté des quatre millions d'élèves scolarisés dans le système public, près d'un million l'est dans le secteur traditionnel, soit un quart des élèves. En 2023, j'ai donc fait affecter 20 % des fonds de dotation du budget de l'éducation aux *daaras* pour rétablir l'équilibre. L'enseignement religieux, qu'il soit musulman ou chrétien, fait partie intégrante de l'éducation. Refuser de le prendre en compte serait une erreur tout simplement parce que l'école ne peut être dissociée de la société dans laquelle elle s'inscrit. Nous devons enseigner à nos enfants ce que nous sommes, dans toutes nos composantes, y compris religieuses.

L'Afrique ne peut rester plus longtemps à l'écart de la vague de fond technologique qui risque de l'emporter, c'est-à-dire de la déclasser au moment même où elle est en train d'émerger et de se faire mieux entendre. Elle ne peut pas se permettre de manquer la révolution des technologies de l'information et de la communication, des objets connectés, des big data et des banques de données, ni celle de l'IA. En 2017, j'ai créé le forum du numérique et un prix de l'innovation numérique pour encourager les étudiants sénégalais à se lancer dans ce domaine. Cette initiative a porté ses fruits : quelques années plus tard, des étudiants de l'université de Ziguinchor ont décroché un trophée mondial de l'innovation devant des Français et des Chinois. Ce jour-là, ils ont apporté la preuve que des jeunes Africains avaient autant de talent pour l'innovation que les autres à condition d'avoir accès à la technologie et aux réseaux.

Développer l'innovation présente un autre avantage. Celui de renforcer l'esprit d'entreprise qui a peu à peu émergé dans les nouvelles générations, en particulier dans l'Afrique anglophone mais pas assez dans la partie francophone du continent. En suivant le modèle colonial, celle-ci a fait pendant longtemps la part trop belle à l'administration et à la formation de fonctionnaires, les familles privilégiant la sécurité de la fonction publique au détriment de l'emploi non salarié et surtout de l'entrepreneuriat.

Il lui faut donc de toute urgence renforcer son système éducatif et enfin donner toute sa place à la science, base du développement et capable de nous hisser au rang des autres continents. Je sais d'ores et déjà une chose : les futurs prix Nobel de médecine, d'économie, de physique ou de littérature sont déjà nés quelque part en Afrique. Demain, j'en suis convaincu, le continent sera l'un des grands pourvoyeurs des cerveaux et des talents dont l'humanité aura besoin.

Je suis loin d'être le seul à avoir la vision d'une Afrique riche de ses futurs cerveaux. À l'occasion du forum sur la transformation des savoirs en Afrique et de son entretien avec un grand hebdomadaire français[1], la sous-directrice générale de l'Unesco, Stefania Giannini, l'a également souligné. Selon elle, « la dimension de la connaissance et des savoirs peut faire de l'Afrique à nouveau un acteur en première ligne ». Sa diversité culturelle, son patrimoine matériel et immatériel lui fournissent des armes pour répondre aux grands défis du moment. Elle cite comme exemple les savoirs autochtones qui pourraient jouer un grand rôle contre le changement climatique, s'ils étaient mieux valorisés au-delà des territoires locaux. Cette experte insiste toutefois sur une lacune particulièrement dommageable, notre manque d'infrastructures de recherche et de laboratoires. Je ne peux que l'approuver : les universités n'ont pas seulement pour rôle de former les élites du continent et des dirigeants d'entreprise, elles doivent aussi former des chercheurs, des « postdocs » capables de se lancer dans des recherches scientifiques et des projets technologiques innovants.

Le manque de laboratoires et de centres de recherche a pour autre conséquence le départ de nos jeunes scientifiques. Que font les plus brillants d'entre eux ? Ils partent à l'étranger poursuivre leurs recherches. Aux États-Unis, en Europe où ils trouvent souvent des conditions de travail bien meilleures qu'en Afrique. Notamment aux États-Unis où les grandes universités repèrent très tôt nos meilleurs éléments et leur proposent de les rejoindre pour une période postdoctorale de quelques années avec des conditions idéales. On ne peut pas leur en vouloir mais cette attractivité étrangère a une double incidence pour nos pays.

La première est que le résultat des recherches menées ailleurs par nos jeunes restera aux mains des laboratoires ou centres qui

1. Augustine Passilly, « L'Afrique ne manque pas d'universités mais d'infrastructures de recherche », *Le Point*, 7 octobre 2024.

les auront financées. La seconde est plus grave : après quelques années passées à l'étranger, combien de jeunes chercheurs rentreront au pays ? Combien accepteront de revenir travailler dans des conditions matérielles, financières ou administratives différentes de celles qu'ils ont connues ? Je crains que la proportion de non-retour soit assez élevée et que nombre de jeunes Africains préfèrent rester là où ils auront peut-être fondé une famille, là où on leur aura proposé un emploi.

On le constate déjà depuis plusieurs années en voyant nos plus brillants économistes, financiers, scientifiques et intellectuels choisir de vivre à l'étranger où ils occupent des fonctions de premier plan dans des grandes entreprises, des institutions internationales ou des grandes universités. On me rétorquera que, de là où ils parlent ou exercent leurs talents, ils font honneur à l'Afrique et transmettent une part de leur africanité à leur entourage. Je ne le conteste pas mais on conviendra que ces talents-là font défaut au continent et que ce qu'ils apportent ailleurs est perdu pour nous.

Ce qui nous fait défaut, c'est aussi la mixité. Les filles sont les grandes oubliées de l'éducation. C'est un des travers de notre histoire et de nos coutumes. Dans nos sociétés, les femmes sont souvent réduites à des rôles subalternes ou sans noblesse, ceux de nourricière, de travailleuse dans les champs, de servitude. Elles sont encore loin d'être reconnues à leur juste valeur. Les filles sont trop nombreuses à ne pas accéder aux études secondaires et encore moins à l'enseignement supérieur. C'est une grave erreur de se priver ainsi de l'autre moitié de notre humanité. Dans le domaine de la recherche, les femmes africaines sont trop peu nombreuses et c'est d'autant plus regrettable que certaines d'entre elles ont permis d'accomplir de grands progrès en biologie et en biosciences. Notamment dans la lutte contre les parasites ou le paludisme qui, rappelons-le, tue encore chaque année plus de cinq cent mille Africains, majoritairement des enfants.

Malgré la dureté de son environnement et la lourdeur de ses charges domestiques, la femme africaine a toujours montré beaucoup de courage, jusqu'à jouer parfois un rôle de premier plan. Dans les sociétés préislamiques, les femmes occupaient une place importante. Des impératrices, des reines ont régné sur des sociétés entières. Dans l'islam, les femmes ont beaucoup contribué à sa diffusion. En vérité, ni les religions ni les sociétés traditionnelles n'ont empêché les femmes de jouer une fonction primordiale ni de déployer leur sagesse séculaire. L'exemple du personnage de la « Grande Royale » dans le livre de Cheikh Hamidou Kane, *L'Aventure ambiguë*, l'illustre assez bien.

Dans ce roman, alors que la communauté des Diallobé s'interroge pour savoir si leurs enfants doivent aller à l'école française ou à l'école traditionnelle du village, c'est cette femme, respectée par tous pour sa sagesse, qui tranche ce dilemme.

Bien qu'elle soit très attachée à sa culture islamo-africaine, la « Grande Royale » affirme que les enfants doivent aller dans l'école française pour apprendre et s'émanciper. Son plaidoyer, très émouvant, se termine par ces phrases : « Je n'aime pas l'école étrangère. Mon avis est, cependant, qu'il faut y envoyer nos enfants… L'école où je pousse nos enfants tuera en eux ce qu'aujourd'hui nous aimons et conservons avec soin, à juste titre. Peut-être notre souvenir lui-même mourra-t-il en eux. Quand ils nous reviendront de l'école, il en est qui ne nous reconnaîtront pas. Ce que je propose, c'est que nous acceptions de mourir en nos enfants et que les étrangers qui nous ont défaits prennent en eux toute la place que nous aurons laissée libre. »

Ce rôle de « Grande Royale » est toujours vivant dans nos sociétés. Quand j'étais président, j'ai eu à cœur de faire la promotion des femmes dans les postes les plus éminents. Avant mon premier mandat, le président Wade avait montré le chemin en choisissant pour la première fois une femme pour la fonction de Premier ministre. J'ai ainsi nommé une femme au grade de générale de l'armée sénégalaise. Une première dans nos forces armées. Elle est aujourd'hui médecin générale, directrice de l'hôpital principal de Dakar. J'ai aussi nommé des femmes à la fonction de gouverneures de région et une dizaine d'autres préfètes, ce qui n'était pas imaginable il y a quarante ans dans notre pays.

J'ai également voulu appliquer la parité pour les élections. Sur ce plan, le Sénégal est très en avance, y compris par rapport à des pays européens. La parité totale sur les listes électorales a conduit à ce que la quasi-moitié des sièges, 48 %, soient occupés par des députées. Personne ne remet en question aujourd'hui cet acquis. Dans une société qui compte 51 % de femmes, on ne peut pas ne pas faire leur promotion ni développer le pays sans y engager la moitié de la population. Il suffit de voir le développement des systèmes de microcrédits dans toute l'Afrique pour le comprendre : ils sont majoritairement utilisés par les femmes pour développer leurs activités commerciales ou agricoles sur le terrain. Leurs microentreprises assurent aujourd'hui le complément de revenus indispensable au foyer mais elles pourront demain se développer sur une plus grande échelle. Je pense à la mode, à la création en général, à l'écologie, aux énergies alternatives, etc.

Promouvoir les femmes comme elles le méritent est une question d'audace et de volonté. Elles sont la condition du progrès social et économique.

CHAPITRE 22

L'emploi ou la migration

Renforcer nos modèles éducatifs répond à une autre grande exigence, celle de l'emploi. J'ai rappelé plus haut que le continent comptait environ 300 millions de jeunes de 15 à 24 ans et que ce chiffre était appelé à augmenter d'année en année. Cela signifie qu'il faut créer au minimum 150 millions d'emplois, si l'on considère que ce sont plutôt les hommes qui les occuperont. L'Afrique les a-t-elle, ces emplois ? À ce stade, elle en est bien loin. D'où la nécessité d'une industrialisation rapide seule capable d'offrir des emplois stables à nos jeunes. J'ai dit combien les investissements massifs pourront accélérer la création d'industries de transformation sur notre sol et celle des recettes fiscales que les budgets nationaux en tireront.

Le rôle de l'éducation et de la formation professionnelle dans la création des emplois nécessaires au fonctionnement de ces industries est primordial, en particulier pour les emplois qualifiés. Un système éducatif adapté et doté de bonnes filières scientifiques et techniques est seul en mesure de former en grand nombre les ingénieurs et les techniciens mais également les agents de maîtrise et les ouvriers qualifiés dont l'industrie africaine aura besoin. Les filières professionnelles adaptées n'y suffiront pas si elles ne font pas participer plus activement les entreprises à la formation des jeunes qui ne peuvent ou ne veulent pas accéder à l'enseignement supérieur, voire secondaire. Une main-d'œuvre qualifiée et abondante est une des conditions de notre décollage industriel.

Au cours de mon second mandat, j'ai donné toute sa place à la formation professionnelle. Cela n'est pas allé sans difficulté. Dans ce domaine, l'Afrique est handicapée par le poids de l'Histoire dans la mesure où, autrefois, les métiers étaient liés aux castes et à la hiérarchie sociale. L'Europe a dépassé ce stade depuis longtemps mais pas nous. Si l'on réussit à inverser cette tendance, c'est-à-dire à valoriser nos métiers, nos produits, notre habillement, notre artisanat, tout ce qui nous rend singuliers, nous créerons des millions d'emplois. Nous devons donc nous réapproprier notre environnement. L'Afrique a beaucoup de talents, hommes et femmes confondus, des créateurs, des chefs, des musiciens, des cinéastes, des artistes, des entrepreneurs. Si on les encourage, nos marchés de l'emploi seront dynamisés.

Faute de quoi, les jeunes générations iront chercher ailleurs de quoi faire vivre leur famille restée au pays. L'émigration sera massive et incontrôlable avec un double impact. D'un côté, des tensions croissantes avec le « Nord », en particulier les Européens dont on voit les opinions publiques exiger de leurs gouvernements un frein à l'immigration ; de l'autre, une perte de travailleurs pour l'Afrique qui verra une part de sa richesse humaine l'abandonner.

L'émigration est la plaie de l'Afrique mais je reste convaincu que ce phénomène peut être régulé grâce aux opportunités entrepreneuriales. Nous devons collectivement « mieux vendre » les actions que nous menons pour retenir nos jeunes. Un bon exemple est donné par un cadre, Mass Thiam, ancien élève de HEC qui, après avoir pris la tête de l'Agence pour la propreté de Dakar, a réussi à donner à la gestion des déchets urbains une dimension valorisante. Il a utilisé intelligemment les outils du marketing pour donner envie à des jeunes de venir travailler dans ce secteur jadis méprisé. Ce modèle devrait être dupliqué dans tous les pays touchés par le phénomène migratoire en faveur des secteurs qui n'attirent pas assez de main-d'œuvre comme l'agriculture, l'élevage, etc. Les outils du marketing sur l'employabilité, la formation des jeunes, les services, qui sont d'énormes niches d'emplois, méritent d'être plus largement utilisés.

Il faut rappeler que les jeunes n'ont aucune perspective durable en Europe. Ceux qui ont échappé à la mort durant leur migration sont condamnés à être des demandeurs d'asile ou à végéter dans des « petits boulots » et à alimenter le lumpenprolétariat des banlieues déshéritées des grandes villes du Nord… Aucune vie heureuse n'existe pour les clandestins en Europe. Il faut rompre avec la vision erronée d'un eldorado au Nord. C'est une aventure sans lendemain que les migrants tentent au péril de leur vie. Mais c'est aussi aux gouvernements de mettre beaucoup de moyens pour mettre en valeur les solutions existant en Afrique et les rendre désirables.

Le sujet de la migration doit être abordé avec un grand sens des responsabilités et beaucoup de précaution. Le phénomène est aussi vieux que le monde. Si l'on se rappelle que les premiers humains sur la Terre étaient partis d'Afrique pour aller peupler les autres continents, on voit bien qu'il s'agit d'un mouvement naturel qui touche aujourd'hui la planète entière. Aucun leader politique ne peut y assister de manière passive. Il doit tout faire, au contraire, pour le contenir. Il n'est pas concevable que des îlots de prospérité comme l'Europe et l'Amérique du Nord continuent de recevoir sur leurs sols des populations entières venues d'ailleurs. Ce sera de moins en moins viable pour tous. Il faut donc rechercher un équilibre. Le développement d'autres pôles de richesse et l'emploi local sont naturellement des leviers majeurs pour que les gens restent chez eux ou, au moins, sur le continent.

Le fait migratoire ne peut pas être résolu par des lois. L'Europe éprouve de grandes difficultés humaines, techniques et politiques face aux courants migratoires. Vu d'Afrique, il est évident que nous n'avons aucun intérêt à ce que ce problème la déstabilise. Au contraire, notre intérêt mutuel est de travailler avec elle et ses gouvernements afin que les jeunes aient des perspectives d'avenir en Afrique et y demeurent. Je l'avais dit en son temps à la chancelière allemande Angela Merkel : « La vocation de la jeunesse africaine n'est pas d'échouer dans la Méditerranée ni de vivre dans la clandestinité. Nous devons combattre ensemble l'émigration clandestine et les trafiquants d'êtres humains. Tout en travaillant à plus de liberté de circulation et d'opportunités en Afrique. »

La solidarité européenne, qui est réelle je le sais, devrait s'exprimer davantage par des investissements dans les secteurs capables d'offrir des perspectives aux jeunes générations et peut-être moins dans des systèmes de surveillance. Même si, évidemment, le démantèlement des réseaux et la traque des trafiquants restent une priorité. Beaucoup de partenariats s'offrent à nous, Européens et Africains, dans ce domaine. Il faut être inventif et faire avec ce qu'on a, si je puis dire. J'ai par exemple développé un dispositif innovant avec l'Espagne, dispositif faisant appel aux ressources des deux parties. Côté sénégalais, des terres agricoles et une main-d'œuvre travailleuse et motivée, côté espagnol, un savoir-faire agricole reconnu. Nous avons ainsi créé des fermes familiales de 5 à 10 hectares, appelées les fermes Natangué ou Prospérité, un modèle qui pourrait être repris par d'autres pays.

D'autres types d'accords pourraient être conclus entre pays d'accueil et pays de départ. Là encore avec le gouvernement espagnol de Pedro Sanchez, nous avons travaillé sur les migrations circulaires qui sont en réalité des migrations saisonnières. Puisque les entreprises agricoles espagnoles ont besoin de main-d'œuvre pendant certaines saisons, elles sont prêtes à accueillir des migrants pour une période donnée. Nous nous sommes donc accordés pour organiser les flux aller et retour et garantir la sécurité de ces travailleurs. Ceux-ci partent en Espagne dans un cadre organisé, sans risque d'être exploités par le marché noir. Sur place, ils sont traités avec dignité et bénéficient d'une couverture sociale.

Je me souviens de la visite de Mme Arancha Gonzàles Laya pour lancer le concept de migration circulaire. Ce mécanisme n'a malheureusement fonctionné qu'une fois car, lors de la seconde vague, les jeunes ne sont pas rentrés au pays et ont disparu dans la nature. Nous en avons déduit qu'il aurait fallu mieux définir les critères pour les candidats au départ et expliquer davantage le fonctionnement de ce mouvement circulaire. Beaucoup de ceux qui sont partis ne connaissaient rien à l'agriculture, ils étaient majoritairement citadins et, de plus, ne comprenaient pas pourquoi ils devaient revenir. Si l'on avait d'abord pris soin de sélectionner des jeunes agriculteurs, ils auraient pu aller travailler en Espagne, avoir un mois de repos et revenir pour l'hivernage. Ce fut une leçon pour l'avenir.

Quant aux migrations sélectives, celles des élites – médecins, et ingénieurs ayant bénéficié d'années de formations –, j'y suis formellement opposé puisqu'elles nous privent des fruits du développement, sauf pour des durées limitées de trois à cinq ans maximum.

CHAPITRE 23

Transmettre

Tout homme a un devoir et une obligation : celui d'apprendre et de transmettre à ceux qui lui succèdent ce qui a fait sa vie : ses valeurs et son héritage. Pour un homme politique, et encore plus pour un homme ou une femme qui a exercé pendant des années les plus hautes responsabilités, il ne suffit pas de transmettre ou de communiquer ce que l'on sait ou ce que l'on a fait. Il faut aussi passer le flambeau, celui de ses rêves, de ses espoirs, de ce que l'on a engagé et qu'on n'a pas eu le temps ou les moyens d'achever. Un peu à la manière des porteurs de la flamme olympique qui se la transmettent de main en main.

Quitter mes fonctions n'a pas signifié la fin de mon engagement politique. Dès le jour d'après, j'ai eu la volonté de rester, sous une autre forme, au service de mes compatriotes et de l'Afrique. Quelques mois auparavant, j'avais créé à cet effet la Fondation Macky Sall pour la Paix, le Dialogue et le Développement (MSP2D). Son intitulé répondait à un constat simple : sans paix, aucun développement n'est possible. L'inverse est également vrai – sans développement, toute paix ne sera durable. C'est d'elle que tout découle, c'est elle qui est à l'origine de toute prospérité. Je voulais également développer les vertus du dialogue pour consolider la paix en Afrique, qu'elle soit intérieure ou entre États. J'avais évidemment en tête la paix dans le monde puisque les guerres en Ukraine, à Gaza faisaient des ravages mais, plus encore, la guerre silencieuse au Soudan. Quant au troisième terme du triptyque, le développement, je souhaitais insister sur ce qui continue d'être mon combat et, à travers lui, sur ces deux piliers que sont l'éducation et la santé.

On l'a compris, l'Afrique est au cœur de mon engagement politique, humain et social. Il se veut d'autant plus solide que les nuages s'accumulent sur le monde et donc indirectement sur notre continent. On assiste depuis le début de l'année 2025 à des bouleversements considérables. Renversements d'alliance, guerre commerciale et arrêt brutal des aides aux pays en développement suscitent des inquiétudes grandissantes en Europe, en Asie et par contrecoup en Afrique.

Elles viennent s'ajouter à celles qui ont conduit certains pays européens à des changements d'orientation politique après que leurs électeurs, préoccupés, entre autres, par le phénomène migratoire, ont donné la majorité à des gouvernements plus marqués à droite. Aujourd'hui, le rapprochement russo-américain, la guerre en Ukraine et dans la bande de Gaza sont une autre source d'inquiétude pour tous. Lorsque leurs relations se sont distendues avec le Kremlin à la suite de l'intervention russe en Ukraine, j'ai dit à mes partenaires européens qu'ils devaient éviter de couper les ponts. Une guerre, quelle qu'elle soit, finit toujours autour d'une table de négociation. Un message qui n'a pas été facile à faire passer à l'époque.

À présent, l'Europe constate avec circonspection que l'Américain et le Russe envisagent de se passer d'elle. Or, aucun accord durable ne devait être envisagé sans l'Europe étant donné qu'elle est directement concernée et qu'il s'agit de sa sécurité. Pour le reste, je ne juge pas très crédible l'hypothèse d'une extension du conflit sur les frontières orientales de l'OTAN. En revanche, si un accord équilibré est trouvé entre Moscou et Kiev, les conditions d'une paix durable en Europe pourraient être réunies et l'Ukraine pourrait à terme devenir membre de l'Union européenne.

Bien que ces problèmes soient géographiquement lointains, ils ont des conséquences sur nous. Je me garderai bien pourtant de faire de la politique-fiction sur la façon dont les choses vont évoluer. Mon point de vue reste celui d'un Africain préoccupé avant tout par l'évolution de son continent face aux changements actuels. Les discussions en cours sur plusieurs fronts diplomatiques renforcent ma conviction que le moment est venu de répondre à trois urgences internationales.

La première est la réforme de l'ONU. Chacun a pu constater son impuissance à mettre fin aux guerres ou même à s'interposer. Seule la réforme que j'ai évoquée plus haut sera en mesure de lui redonner son poids originel et de rendre au multilatéralisme toute son importance si l'on veut éviter que l'antagonisme entre blocs opposés ne s'aggrave davantage.

La deuxième est de mener l'autre réforme que j'appelle de mes vœux et que j'ai défendue également dans un chapitre antérieur, celle des institutions de Bretton Woods. Les circonstances exceptionnelles que nous traversons devraient inciter les responsables de la Banque mondiale et du FMI à la mener rapidement afin que l'Afrique occupe toute sa place dans l'architecture financière internationale.

Troisième urgence : l'heure est venue, me semble-t-il, pour l'Europe de se rapprocher plus étroitement de notre continent. Nous sommes indéfectiblement liés, je l'ai rappelé, par l'Histoire, la géographie et de nombreux intérêts communs.

J'appelle donc l'Europe à revoir son partenariat avec l'Afrique. À changer le logiciel qui nous lie. Une bonne combinaison entre les deux continents, chacun avec ses ressources, financières pour l'UE, naturelles et humaines pour l'Afrique, serait une avancée majeure pour cette partie du monde. J'ajoute que, dans l'hypothèse d'une confrontation entre les États-Unis et la Chine telle qu'annoncée par plusieurs spécialistes de géostratégie, ce partenariat renouvelé entre l'Afrique et l'Europe serait une garantie de paix pour nos deux continents. Toutefois, je tiens à souligner que ce partenariat ne saurait être exclusif ni fermer la porte à d'autres partenariats utiles à l'Afrique.

Pour l'Afrique, il est évident que le combat se poursuit : quels que soient les régimes politiques aux États-Unis ou en Europe, les problèmes restent entiers. Les règles qui continuent de gouverner le monde ne prennent toujours pas suffisamment en compte les intérêts africains. L'exemple de la dette et des conditions dans lesquelles elle est contractée ne permettent toujours pas à nos pays de faire face à leurs obligations. Contre toute logique, l'Afrique reste considérée comme un continent à risque puisque les notations des agences sont toujours établies selon le risque souverain. Il faut donc, là aussi, améliorer le cadre de notre endettement, notamment celui des primes d'assurance. Sur la gouvernance mondiale, certains leaders se montrent plus ouverts mais nous devons continuer de nous battre sur ces sujets qui sont sur la table depuis des décennies. J'ai conscience qu'il faudra encore des décennies de travail pour obtenir satisfaction mais nous sommes très résilients.

Il reste que, dans les circonstances actuelles, la possibilité pour les Africains d'obtenir un accès équitable aux financements est plus incertaine. Ils sont pourtant plus nécessaires que jamais pour valoriser leurs ressources sur le continent. C'est donc à eux de prendre ce sujet à bras-le-corps et de défendre avec vigueur leurs intérêts face aux Chinois, aux Européens et aux Américains. Si des négociations vraiment sérieuses étaient engagées, je ne doute pas qu'ils obtiendraient des résultats concrets, indépendamment des leaders qui sont à la tête des grandes puissances.

Oui, la crise entre l'Ukraine, la Russie, les États-Unis et l'Union européenne a des incidences indirectes mais réelles sur l'Afrique, et notre avenir commun dépendra inévitablement de l'issue qui lui sera trouvée. L'Afrique n'a pas à formuler d'hypothèses à ce sujet mais elle a une exigence : la paix. Où que nous soyons, qui que nous soyons, nous devons tous travailler pour qu'elle revienne en Ukraine mais aussi en Palestine, au Soudan, etc. La paix pourra garantir le retour à un commerce libre, dans le respect des intérêts de chacun et non sous la contrainte. Nationaux avant d'être internationaux, les Africains militent pour un multilatéralisme inclusif où chaque nation défend ses intérêts. Ils savent que la coopération entre les États, et non les injonctions d'un seul pôle, est le meilleur gage d'une vie internationale apaisée et d'un commerce équilibré.

Comme j'ai eu l'occasion de le dire lors de la session de l'Atlantic Council du 25 février 2025, l'Afrique mérite d'être vue sous son visage réel, celui d'un continent dont le milliard quatre cents millions d'habitants, projeté à deux milliards et demi en 2050, représente un marché considérable. Je le répète, elle n'est plus dans la position de tendre la main, ni dans une logique d'aide au développement car celle-ci, on l'a vu, n'apporte finalement pas les réponses qu'elle attend. À cette logique d'assistance, il faut substituer celle du marché des capitaux. Avec ses ressources immenses, le continent a tout pour les attirer et proposer des partenariats gagnant-gagnant conduisant à une prospérité partagée.

Au monde, l'Afrique transmet aujourd'hui l'image d'un continent en plein essor, assoiffé de progrès et qui milite pour la paix. Demain, elle sera totalement différente, encore plus attractive, encore plus responsable, encore plus incontournable. Des coopérations diversifiées, la création de joint-ventures, la foi en l'innovation, une stratégie volontariste de croissance esquissent d'ores et déjà son économie et son renouveau. Il nous appartient désormais à tous, Africains et non-Africains, de faire de notre continent un pôle majeur pour l'avenir de l'humanité, de la planète et de nous donner, comme le dit Aimé Césaire, « la force de regarder demain ».

Je m'y emploierai, quant à moi, de toutes mes forces.

Marrakech, le 17 juillet 2025.

Table

Cet ouvrage a été composé
en Adobe Garamond Pro
par Nord Compo
à Villeneuve-d'Ascq (Nord).

Cet ouvrage a été imprimé sur du papier
dont les fibres de bois proviennent
de forêts durablement gérées

IMPRIM'VERT®

Cet ouvrage a été achevé d'imprimer
sur Roto-Page
par l'Imprimerie Floch à Mayenne
en septembre 2025

N° d'édition : 4150-1249-X – N° d'impression : 107572
Dépôt légal : septembre 2025

Imprimé en France